Klick! 3

Sozialkunde/ Politik

Arbeitsheft

Erarbeitet von
Christine Fink
Dr. Oliver Fink
Wolfgang Humann
und Silke Weise

Cornelsen

Inhaltsverzeichnis

Die politische Ordnung der Bundesrepublik Deutschland

①

②

③

④

⑤

⑥

1 Beschreibt die Bilder.
Was haben die Bilder mit „Politik" oder „Ordnung" zu tun?

2 Welches Bild passt zu welchem Begriff? Trage die Bildnummer ein.

der Deutsche Bundestag	☐	das Verfassungsgericht	☐
die Polizei	☐	die Bundeskanzlerin	☐
die Bundeswehr	☐	das Grundgesetz	☐

Wenn ich an Politik denke …

3 Was denkt ihr über Politik?

4 Was wisst ihr schon über die Politik in Deutschland?
- Welche politischen Begriffe kennt ihr?
- Worüber möchtet ihr noch mehr erfahren?

Deutschland ist ein Bundesstaat

Unser Staat heißt Bundesrepublik Deutschland, weil er ein Bund aus 16 Bundesländern ist.

Jedes Bundesland hat eine eigene Regierung. Jede Regierung hat einen Ministerpräsidenten sowie einige Minister, die für verschiedene Bereiche zuständig sind. In der Bundesrepublik Deutschland sind die Regierungsaufgaben zwischen dem Bund und den Ländern geteilt. Die Bundesländer können einiges selbst entscheiden, über andere Dinge entscheidet die Bundesregierung.

In dem folgenden Schaubild kannst du erkennen, welche Aufgaben vom Bund, welche von den Ländern und welche von beiden übernommen werden.

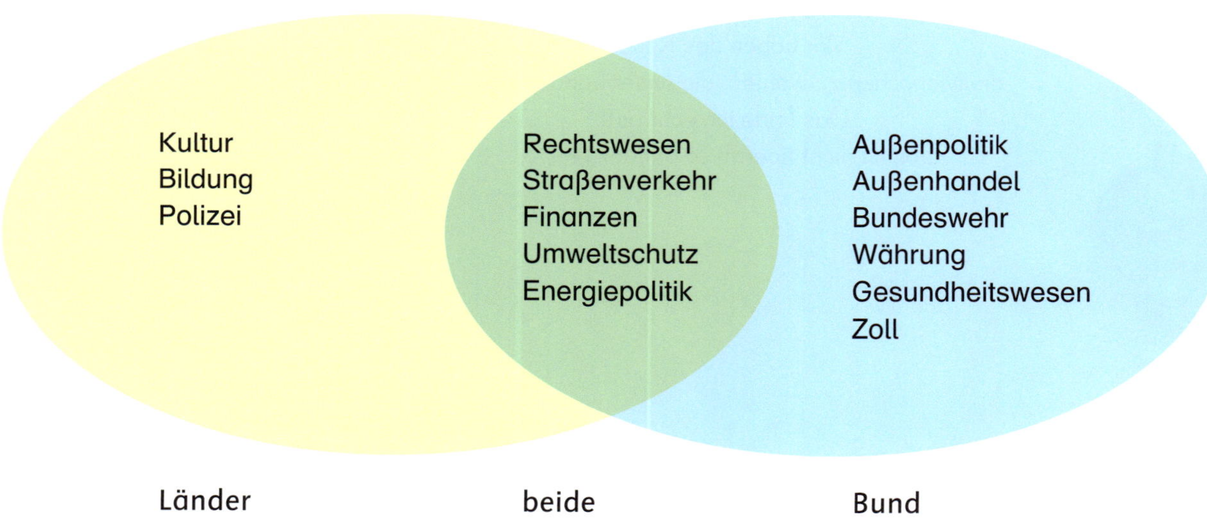

1 a) Welche Aufgaben haben die Länder?
b) Welche Aufgaben hat der Bund?
c) Welche Aufgaben haben sie gemeinsam?

Deutschland ist ein Bundesstaat

2 In welchem Bundesland lebst du?

3 Wie heißt euer Ministerpräsident?

Für den Bereich Bildung sind die einzelnen Bundesländer zuständig. Dazu gehören auch die Schulen.

4 Findet heraus: Wie heißt der Bildungsminister in eurem Bundesland, der für eure Schulpolitik zuständig ist?

5 Welche Partei oder welche Parteien regieren in eurem Bundesland?

6 Welche Minister sind für diese Aufgaben zuständig?

a) Verbinde die Aussagen mit dem passenden Minister.
b) Schreibe darunter, ob diese Aufgabe von einem **Bundesminister**, einem **Landesminister** oder von beiden ausgeführt wird.

„Ich sorge dafür, dass Lehrerinnen und Lehrer eingestellt werden.“	Außenminister
„Ich habe die Gesetze, die die Krankenversicherungen regeln, überarbeitet.“	Bildungsminister
„Ich kümmere mich darum, wofür Geld ausgegeben wird.“	Gesundheitsminister
„Ich spreche oft mit meinen ausländischen Kollegen und treffe mich mit ihnen.“	Finanzminister

Das Grundgesetz

Das Grundgesetz der Bundesrepublik Deutschland regelt die grundlegenden Entscheidungen unseres Staates. Es gilt seit dem 8. Mai 1949. Das Grundgesetz besteht aus einer Präambel (Vorwort) und den Grundrechten.

Was steht im Grundgesetz?

In unserem Grundgesetz gibt es einige unveränderliche Prinzipien. Das bedeutet, dass diese Gesetze für alle gelten und niemals geändert werden können. Es handelt sich hierbei um Artikel 1 und Artikel 20 des Grundgesetzes: das Prinzip der Menschenwürde, das Prinzip der Demokratie, das Prinzip der Sozialstaatlichkeit, das Prinzip der Bundesstaatlichkeit, das Prinzip der Rechtsstaatlichkeit.

§

Artikel 1

(1) Die Würde des Menschen ist unantastbar. Sie zu achten und zu schützen ist Verpflichtung aller staatlichen Gewalt.

→ Prinzip der Menschenwürde

Artikel 20

(1) Die Bundesrepublik Deutschland ist ein demokratischer und sozialer Bundesstaat.

→ Prinzip der Demokratie, der Sozialstaatlichkeit, der Bundesstaatlichkeit

(2) Alle Staatsgewalt geht vom Volke aus. Sie wird vom Volke in Wahlen und Abstimmungen und durch besondere Organe der Gesetzgebung, der vollziehenden Gewalt und der Rechtsprechung ausgeübt.

→ Prinzip der Demokratie

(3) Die Gesetzgebung ist an die verfassungsmäßige Ordnung, die vollziehende Gewalt und die Rechtsprechung sind an Gesetz und Recht gebunden.

→ Prinzip der Rechtsstaatlichkeit

1 Weshalb ist es wichtig, dass es Gesetze gibt? Was würde passieren, wenn es keine Gesetze gäbe?

Das Grundgesetz

2 Was wird durch das Grundgesetz geregelt?

Das Grundgesetz regelt die Grundregeln bei politischen Wahlen. ☐

Das Grundgesetz regelt die grundlegenden Entscheidungen unseres Staates. ☐

Das Grundgesetz regelt die Schulregeln in der Grundschule. ☐

3 Aus welchen Teilen besteht das Grundgesetz der Bundesrepublik Deutschland?

4 Im Grundgesetz der Bundesrepublik Deutschland gibt es unveränderliche Prinzipien. Was bedeuten sie?
Ergänze die Satzanfänge mit passenden Erklärungen:

Das Prinzip der Menschenwürde bedeutet, ______

Das Prinzip der Demokratie bedeutet, ______

Das Prinzip der Bundesstaatlichkeit bedeutet, ______

Das Prinzip der Rechtsstaatlichkeit bedeutet, ______

Das Prinzip der Sozialstaatlichkeit bedeutet, ______

… dass die Bürgerinnen und Bürger ihre Regierung wählen dürfen.

… dass sich der Staat auch um arme, behinderte, kranke und alte Menschen kümmert.

… dass unser Staat aus mehreren Bundesländern besteht.

… dass in unseren Gerichten gerechte Urteile von unabhängigen Richtern gesprochen werden.

… dass jeder Mensch so sein darf, wie er ist.

Deutschland ist eine parlamentarische Demokratie

In einer parlamentarischen Demokratie werden alle wichtigen politischen Entscheidungen von einem Parlament getroffen. Dieses Parlament heißt in Deutschland der „Deutsche Bundestag“.

Der Deutsche Bundestag

Die Abgeordneten, die im Bundestag sitzen, werden von den Bürgerinnen und Bürgern alle vier Jahre gewählt. Die wichtigsten Aufgaben des Bundestages sind die Gesetzgebung und die Kontrolle der Regierung. Die Abgeordneten entscheiden auch darüber, wofür das Geld ausgegeben wird, das Deutschland zur Verfügung steht. Sie entscheiden auch über die Einsätze der Bundeswehr im Ausland. Eine weitere wichtige Aufgabe des Bundestages ist die Wahl der Bundeskanzlerin oder des Bundeskanzlers. Der **Bundeskanzler** ist der Chef der Regierung. Er bestimmt die Politik und trägt auch die Verantwortung dafür. Er sagt, was gemacht werden soll, und legt fest, was seine Minister machen. Deutschland hat auch einen Bundespräsidenten. Er regiert zwar nicht, muss aber alle Gesetze unterschreiben, bevor sie in Kraft treten können. Der **Bundespräsident** vertritt den Staat bei wichtigen Veranstaltungen. Er ist das Staatsoberhaupt von Deutschland.

→ Lexikon S. 98–104
Bundeskanzler
Bundespräsident

Deutschland ist eine parlamentarische Demokratie

1 Was sind die Aufgaben des Bundestages?

a) Markiere die Antwort im Text.
b) Schreibe hier 3 Aufgaben des Bundestages auf.

2 Wer hat welche Aufgaben? Verbinde zu ganzen Sätzen.
Zu jedem Begriff kannst du zwei passende Sätze bilden.

Der Bundestag	… ist das Staatsoberhaupt von Deutschland.
	… ist der Chef der Regierung.
Der Bundeskanzler	… macht die Gesetze und kontrolliert die Regierung.
	… bestimmt die Politik und trägt auch die Verantwortung dafür.
Der Bundespräsident	… wählt die Bundeskanzlerin/den Bundeskanzler.
	… unterschreibt die Gesetze, bevor sie in Kraft treten können.

3 Informiere dich und trage ein:

a) Wie heißt die Bundeskanzlerin / der Bundeskanzler, die / der zurzeit Deutschland regiert?

b) Wie heißt der amtierende Bundespräsident von Deutschland?

c) Wann waren die letzten Bundestagswahlen?

Im Jahr

d) Wann werden die nächsten Bundestagswahlen sein?

Im Jahr

Parteien in Deutschland

In der deutschen Politik haben die Parteien eine wichtige Funktion. Bei einer Wahl entscheiden sich die Wähler nicht nur für eine Person, sondern auch für eine Partei.

1 Seht euch die Bilder an.
Welche Personen und Parteien entdeckt ihr? Wofür werben sie?

Wozu gibt es Parteien?

Es sind die Parteien, die die unterschiedlichen politischen Vorstellungen und Interessen in der Gesellschaft in politischen Programmen bündeln.
Die Parteien versuchen Themen aufzugreifen, die die Bevölkerung interessieren, und bieten Lösungsvorschläge für Probleme an.
Dafür machen die Parteien besonders vor den Wahlen gezielt Werbung.
Die beiden größten Parteien sind die Christlich-Demokratische Union (CDU) und die Sozialdemokratische Partei Deutschlands (SPD).
Diese beiden Parteien nennt man „Volksparteien". Sie versuchen, die Interessen vieler verschiedener Bevölkerungsgruppen zu vertreten.
Alle anderen Parteien setzen sich hauptsächlich für ein besonderes Thema oder eine bestimmte Bevölkerungsgruppe ein, zum Beispiel die Grünen für den Umweltschutz.

2 Was habt ihr über die Rolle der Parteien erfahren?

3 Wie heißen die zwei größten Parteien in Deutschland?
Markiere die Antwort im Text.

Hier seht ihr eine Übersicht über die Parteien in Deutschland.

CDU: Christlich-Demokratische Union Deutschlands

Bündnis 90/Die Grünen

CSU: Christlich-Soziale Union Deutschlands

SPD: Sozialdemokratische Partei Deutschlands

Die Linke.

FDP: Freie Demokratische Partei Deutschlands

4 Welche Partei oder welche Parteien regieren in eurem Bundesland?

5 Informiere dich im Internet über eine dieser Parteien.

a) Welche Politiker dieser Partei findest du dort?

b) Welche Themen werden dort genannt?

→ www.spd.de
www.cdu.de
www.csu.de
www.gruene.de
www.fdp-bundesverband.de
www.sozialisten.de

Wir gestalten Wahlplakate

Die Schülerinnen und Schüler der Klasse 9b betrachten verschiedene Wahlplakate. Manche Plakate finden sie ganz gut, die meisten finden sie allerdings uninteressant. „Keine Partei zeigt, dass sie sich für uns Jugendliche einsetzen will. Dabei sind wir doch die Zukunft!“, sagt Katja. Und Marius findet: „Das sind doch nur Sprüche, die die Parteien schreiben. Oft weiß ich gar nicht, was sie damit wirklich meinen.“

In der Klasse entstehen mehrere Ideen, wofür sich die Schülerinnen und Schüler selbst als Politiker einsetzen würden. Katja und Marius fänden eine „Partei der Jugend (PDJ)“ gut, Kevin will eine „Fußball-Partei (FP)“ gründen und sich für größere Stadien und Förderung des Jugendsports einsetzen. Manche Ideen beziehen sich auch auf den Unterricht. Florian würde die „Partei der Künstler (PDK)“ gründen und sich für mehr und besseren Kunstunterricht einsetzen.

Die Schülerinnen und Schüler erstellen nach ihren Vorstellungen Wahlplakate für ihre Parteien.

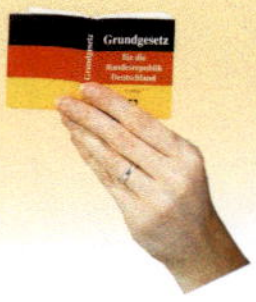

Um eigene Plakate herzustellen, helfen euch die folgenden Arbeitsschritte. Ihr könnt auch zu zweit arbeiten.

1. Schritt: Thema finden

Welche Themen interessieren euch?
Wofür möchtet ihr euch einsetzen?
Es kann sich hier um schulische, politische oder auch allgemeine Themen handeln.

2. Schritt: Parteiname festlegen

Wie soll eure Partei heißen?
Wie kürzt sich eure Partei ab?

3. Schritt: Inhalte festlegen

Sammelt Stichworte zu dem Thema.
Welche Inhalte sollen auf dem Plakat angesprochen werden?

4. Schritt: Slogan, Schrift, Bild, Logo

Formuliert einen kurzen Text (Slogan) für euer Plakat.
Ihr könnt auch ein Logo für eure Partei entwerfen.
Wählt eine geeignete Schrift.
Entscheidet euch für ein passendes Bild.
Vielleicht habt ihr sogar ein Foto, das euch als „Spitzenkandidaten" eurer Partei zeigt?

5. Schritt: Skizze

Entwerft eine Skizze, wie euer Plakat aussehen soll.
Euer Plakat sollte enthalten:

- Parteibuchstaben
- den ganzen Parteinamen
- Slogan
- Erläuterungen, wofür eure Partei sich einsetzt
- ein oder zwei Bilder

6. Schritt: Ausführung, Präsentation

Gestaltet euer Plakat nach den gesammelten Ideen und Entwürfen.
Nach der Fertigstellung könnt ihr eure Ergebnisse präsentieren.

Das kann ich!

1 Welche Prinzipien werden in diesen Ausschnitten aus dem Grundgesetz genannt?

a) Lies die Abschnitte.
b) Schreibe die Prinzipien auf.

§ Die Würde des Menschen ist unantastbar. Sie zu achten und zu schützen ist Verpflichtung aller staatlichen Gewalt.

Prinzip der

§ Die Bundesrepublik Deutschland ist ein demokratischer und sozialer Bundesstaat.

§ Alle Staatsgewalt geht vom Volke aus. Sie wird vom Volke in Wahlen und Abstimmungen und durch besondere Organe der Gesetzgebung,

der vollziehenden Gewalt und der Rechtsprechung ausgeübt.

Die Gesetzgebung ist an die verfassungsmäßige Ordnung, die vollziehende Gewalt und die Rechtsprechung sind an Gesetz und Recht gebunden.

2 Lerne den Artikel 1 aus dem Grundgesetz über die Würde des Menschen auswendig. Schreibe ihn hier auf.

3 Ergänze die Sätze mit den passenden Wörtern.

Deutschland ist eine parlamentarische ____________________.
(Demonstration / Demokratie)

Das bedeutet, dass alle Entscheidungen von einem

____________________ getroffen werden.
(Parlament / Paravent)

Dieses Parlament heißt in Deutschland ____________________

____________________.
(der Deutsche Bundesrat / der Deutsche Bundestag)

Alle vier Jahre werden die ____________________ neu gewählt.
(Abgeordneten / Gesetze)

Die wichtigsten Aufgaben des Bundestages sind die

____________________ und die Kontrolle der ____________________.
(Gesetzgebung / Grenzsetzung) (Regierung / Radiosender)

Eine weitere wichtige Aufgabe ist die ____________
(Feier / Wahl)

der Bundeskanzlerin oder des Bundeskanzlers.

Der Bundeskanzler ist der Chef der ____________________.
(Reinigung / Regierung).

Deutschland hat auch einen ____________________.
(Bildungspräsidenten / Bundespräsidenten)

Bevor ein Gesetz in Kraft tritt, muss es der ____________________
(Bundespräsident / Bundeskanzler)

unterschreiben.

4 Wie heißt der/die amtierende Bundeskanzler/in und der Bundespräsident?

____

____

Demokratie – was geht mich das an?

Was ist Demokratie?

Im vorigen Kapitel habt ihr viel über das politische System der Bundesrepublik Deutschland erfahren. Hier geht es darum, was ihr tun könnt, um mitzubestimmen.

Das Wort Demokratie kommt aus dem Griechischen und bedeutet „Volksherrschaft". In jedem Staat gibt es eine Ordnung, die festlegt, wer in diesem Staat bestimmen darf. In einer Demokratie sind das die Bürger.

1 Was haben die Bilder mit Demokratie zu tun? Sprecht darüber in der Klasse.

Meinung

Demokratie heißt, ...

2 Was bedeutet Demokratie für euch?

3 Wie kannst du dich am Schulleben demokratisch beteiligen?

Wie kannst du Demokratie mitgestalten?

Es gibt verschiedene Möglichkeiten für dich, politisch aktiv zu werden.

In der Schule

→ Textknacker Umschlagklappe hinten

In der Schule kannst du in der Schülerzeitung mitarbeiten. Hier kannst du deine Meinung über Dinge, die an deiner Schule passieren, vertreten. Eine weitere Möglichkeit: Lasse dich zum Klassensprecher oder – als nächsten Schritt – zum Schülersprecher wählen. So kannst du die Interessen deiner Mitschüler vertreten und deine eigenen natürlich auch. Auf jeden Fall solltest du an den Wahlen für Klassen- und Schülersprecher teilnehmen. Das ist ein Weg, deine Meinung in einer Gruppe einzubringen.

durchsetzungsfähig stark verständnisvoll
gerecht einfühlsam geduldig
verantwortungsvoll zuhören können fair
nicht verletzend neutral verschwiegen
bei allen beliebt respektvoll
gut aussehend witzig gute Noten

1 Wie soll ein Schülersprecher sein? Sprecht darüber in der Klasse.

Außerhalb der Schule

→ Textknacker Umschlagklappe hinten

Aber nicht nur in der Schule kannst du dich beteiligen: Bei Demonstrationen kannst du deine Meinung in der Öffentlichkeit vertreten. Die Demonstrationen müssen bei der Polizei angemeldet sein und – natürlich – friedlich verlaufen! Wenn du 16 bzw. 18 Jahre alt bist, kannst du an politischen Wahlen teilnehmen und selber für ein Amt kandidieren. 14-Jährige können bereits in der Jugendorganisation einer Partei mitmachen. Informiere dich über die politischen Gruppen in deinem Wohnort. Erkundige dich, was die Leute dort denken und ob das deiner Meinung entspricht.

Wie kannst du Demokratie mitgestalten?

Meinung

Was darfst du jetzt schon mitbestimmen?

2 Was kannst du in der Schule mitbestimmen?

→ Themen im Unterricht
Klassensprecherwahl
Feiern in der Schule
Mitschüler
Hausaufgaben
Klassenregeln
Gestaltung des Klassenzimmers
Gestaltung des Schulhofs
Klassenlehrer
Schülersprecher

3 Was kannst du in der Schule noch nicht mitbestimmen?
Begründe, warum du hier mitbestimmen möchtest.

4 Was kannst du zu Hause mitbestimmen?

5 Was kannst du zu Hause noch nicht mitbestimmen?
Begründe, warum du hier mitbestimmen möchtest.

6 Finde heraus: Welche Jugendorganisationen der Parteien gibt es in eurem Wohnort oder in der Umgebung?

a) Wo könnt ihr euch erkundigen?
b) Schreibe die Namen der Jugendorganisationen hier auf.

Wählen gehen – warum eigentlich?

Stell dir vor, alle Erwachsenen in Deutschland müssten immer über jedes Gesetz mitentscheiden. Die Gesetze würden nie fertig. Außerdem gibt es natürlich viele verschiedene Meinungen. Es wäre unmöglich, sich zu einigen. Darum gibt es in demokratischen Staaten Wahlen. Eigentlich ist es einfach: Bürger wählen Politiker. Politiker vertreten die Meinung und die Interessen der Bürger.

→ Lexikon S. 98–104
Politik
Wahl

Wenn den Menschen in einem Staat die Arbeit der Politiker nicht gefällt, dann werden diese Politiker von ihnen bei der nächsten Wahl nicht wiedergewählt. Die Macht wird ihnen wieder genommen. Die Macht der Bürger in einer Demokratie besteht also darin, die zu wählen, die das Sagen haben – und sie nicht mehr zu wählen, wenn ihnen die Arbeit der Politiker nicht gefällt. Deshalb ist es ganz wichtig, dass regelmäßig neue Wahlen stattfinden.

In einer Demokratie dürfen die Politiker nicht machen, was sie wollen. Sie müssen immer überlegen, was ihre Wähler wollen. Es ist in Gesetzen geregelt, was sie tun dürfen und was nicht.

Wählen gehen – warum eigentlich?

Meinung

1 Wahlen und Demokratie – was hat das miteinander zu tun?
Überlegt gemeinsam: Was sagt uns das Bild auf der linken Seite?

2 Warum gehen Leute zur Wahl?

3 Warum gehen Leute nicht zur Wahl?

4 Würdest du wählen gehen? Begründe!

5 An welchen Wahlen hast du schon teilgenommen?

6 Richtig oder falsch? Kreuze an.

	richtig	falsch
Alle Länder sind Demokratien.	☐	☐
Nur wer an Wahlen teilnimmt, kann mitentscheiden.	☐	☐
Demokratie bedeutet, dass die Bürger die Politiker wählen.	☐	☐
Die Politiker müssen sich an Gesetze halten.	☐	☐
Die Politiker haben immer das Sagen. Egal ob sie gewählt sind oder nicht.	☐	☐
In einer Demokratie finden regelmäßig neue Wahlen statt.	☐	☐

Trau dich was!

Konflikte erkennen

Nicht alle Schüler haben die gleichen Wünsche und Bedürfnisse. So können schnell Streitigkeiten und Probleme entstehen. Wenn zwei verschiedene Meinungen aufeinandertreffen, kann es zu Konflikten kommen. Oft entsteht bei ungelösten Konflikten Gewalt. An vielen Schulen gibt es Hilfen beim Umgang mit Konflikten. Ältere Schüler können sich zu Streitschlichtern ausbilden lassen.

1 Was passiert in der Bildergeschichte?

2 a) Gibt es solche Situationen auch bei euch in der Klasse?
b) Was macht ihr, wenn so etwas bei euch passiert?

Trau dich was!

Meinung

Selbsteinschätzung – Schreibe auf und begründe!

3 Stell dir vor, du bist in einer Situation, wie sie in der Bildergeschichte beschrieben wird. Du wärst das Mädchen. Was würdest du tun?

4 Stell dir vor, du bist in einer Situation, wie sie in der Bildergeschichte beschrieben wird. Du wärst der Junge, der den Streit mitgehört hat.

a) Was würdest du denken?

- ☐ „Ach, da wird schon nichts Schlimmes passiert sein!"
- ☐ „Da sind so viele andere Leute, da ist bestimmt jemand, der weiß, was man tun muss!"

b) Hast du eine andere Meinung?

5 Ist dir Hilfsbereitschaft wichtig?
Warum?

6 Sagst du laut deine Meinung, auch wenn die anderen etwas anderes tun oder denken?

7 a) Was tust du, wenn du eine Notfallsituation (z. B. Schlägerei, Unfall) siehst?

b) Schreibe hier die Notrufnummern auf.

Eine Debatte führen

Wohin soll die Reise gehen?

**Die Klasse 9b plant eine Klassenfahrt.
Die Schüler wollen gemeinsam entscheiden,
wo sie hinfahren möchten.**

„Wir könnten eine Klassenfahrt nach Berlin machen. In der Hauptstadt gibt es viele Sehenswürdigkeiten. Interessante Museen, viel Kultur aber auch Sport- und Freizeitmöglichkeiten", sagt ihre Klassenlehrerin.

Markus ist der Klassensprecher. Er sagt: „Wir haben eine andere Idee. Einige Schüler aus der Klasse wollen gerne an die Ostsee. Wenn wir die Klassenfahrt Mitte Juni machen, dann ist das Wetter auch schon warm. Wir könnten dort baden gehen, am Strand liegen, Volleyball spielen … Das wäre toll!"

1 Was plant die Klasse 9b?

a) Was schlägt die Lehrerin vor?
b) Was schlägt Markus vor?

**Die Klasse will über die Vorschläge diskutieren.
Diese Aspekte müssen sie dabei beachten:**

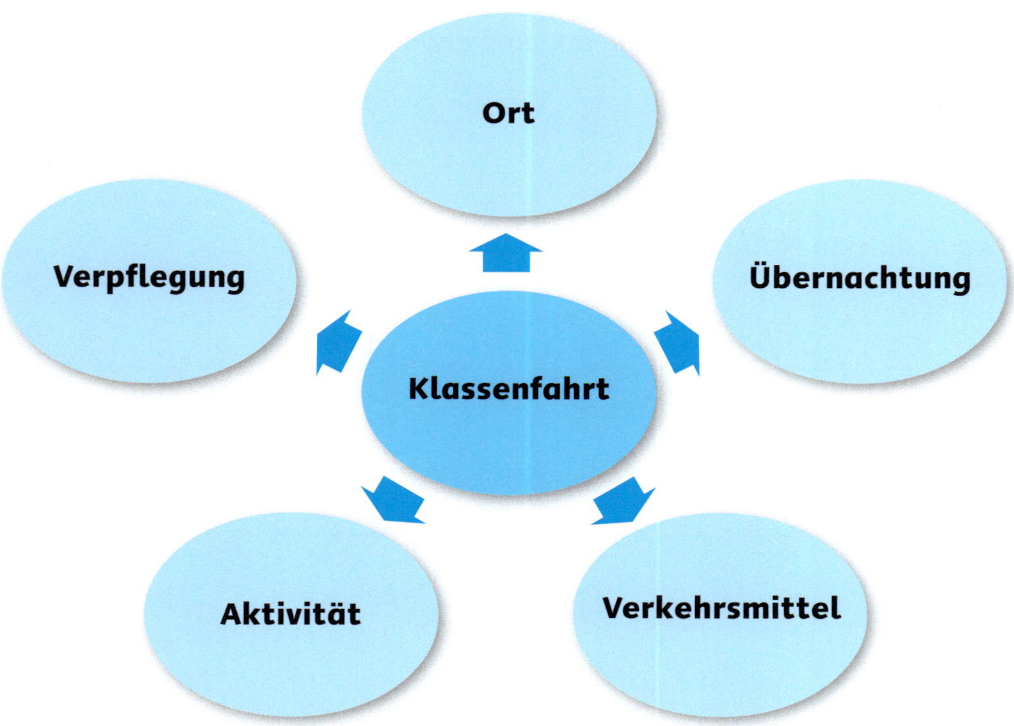

Was ist eine Debatte?

Wenn zwei Gruppen oder Personen unterschiedliche Vorstellungen haben, entstehen daraus oft Konflikte. In einer Debatte könnt ihr die verschiedenen Meinungen vortragen und miteinander besprechen. Das Ziel einer Debatte ist, eine Lösung zu finden. Ihr solltet mindestens erreichen, dass die andere Gruppe euch zuhört und eure Meinung verstehen kann.

So könnt ihr eine Debatte vorbereiten und durchführen:

- Bildet Gruppen zu den jeweiligen Positionen und wählt einen Gesprächsleiter aus. Das kann auch eine Lehrperson sein.
- Setzt euch in eurer Gruppe zusammen und sammelt Argumente für eure Meinung. Schreibt die Argumente auf.
  Überlegt auch, was die andere Gruppe gegen euren Vorschlag sagen könnte, dann seid ihr auf die Debatte besser vorbereitet.

  Beispiel:
  Was spricht für Berlin? (Pro)
  – viele Sehenswürdigkeiten
  – interessante Museen, …

  Was spricht dagegen? (Kontra)
  – Reise dauert zu lange
  – Unterkunft ist zu teuer, …

- Führt eine Debatte:
  Die Gruppen sitzen sich gegenüber.
  Der Gesprächsleiter eröffnet das Thema.
  Jede Gruppe stellt ihre Meinung vor.

  Beispiel:
  Wir sind der Meinung, die Klassenfahrt soll nach Berlin gehen, weil …

- Wertet die Debatte aus:
  – Welche Argumente waren überzeugend?
  – Welche nicht?
- Stimmt über das Reiseziel der Klassenfahrt ab.
  Sprecht über das Ergebnis.
  Beachtet: Auch die unterlegene Gruppe muss sich dem Ergebnis fügen.

Weiterführendes: Medien und Politik

Die Medien – also Fernseh- und Radiosender, Zeitungen und Internetseiten – erfüllen auch in der Politik verschiedene Aufgaben.

Information:
Die Medien vermitteln Wissen und Erfahrungen, die wir nicht persönlich machen können, z. B. weil wir nicht vor Ort sind. Oder sie erklären uns Fakten und Zusammenhänge, die wir verstehen müssen, um uns politisch orientieren zu können.

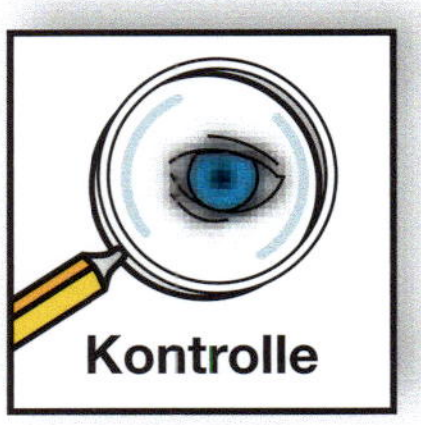

Kontrolle:
Die Medien überprüfen, ob sich Politiker und andere verantwortliche Personen korrekt verhalten.

Meinungsbildung:
Die Medien ermöglichen es den Menschen, sich eine Meinung zu einer Person oder einem Ereignis zu bilden.

Das Recht auf Pressefreiheit ist in Deutschland im Grundgesetz verankert.

> § **Grundgesetz Art. 5 Abs. 1:**
> „Jeder hat das Recht, seine Meinung in Wort, Schrift und Bild frei zu äußern und zu verbreiten und sich aus allgemein zugänglichen Quellen ungehindert zu unterrichten. Die Pressefreiheit und die Freiheit der Berichterstattung durch Rundfunk und Film werden gewährleistet. Eine Zensur findet nicht statt.“

Nicht in allen Ländern ist es so. Es gibt auch Länder, wo die Journalisten vom Staat überwacht werden. Sie dürfen nur veröffentlichen, was von den Behörden freigegeben wird. Es geschieht in Ländern, die keine demokratische Regierung haben. Diese Regierungen wollen verhindern, dass ihr Handeln in der Öffentlichkeit bekannt wird. In China hatten selbst die Sportreporter bei den Olympischen Spielen viele gesperrte Seiten. Reporter werden in Diktaturen oft bedroht, entführt oder getötet.

Weiterführendes: Medien und Politik

1 Welche Funktionen haben die Medien in demokratischen Ländern?

2 Welches Recht schützt die Medien in Deutschland vor Unterdrückung durch den Staat oder andere Gruppen?

3 Im Grundgesetz ist auch die Meinungsfreiheit geschützt. Was bedeutet das?

Hier seht ihr die Homepage von „Reporter ohne Grenzen“:

„Wo Medien nicht über Unrecht, Machtmissbrauch oder Korruption berichten können, findet auch keine öffentliche Kontrolle statt, keine freie Meinungsbildung und kein friedlicher Ausgleich von Interessen. Pressefreiheit ist die Basis einer demokratischen Gesellschaft.“

4 Lest die Aussage. Könnt ihr diese Meinung nachvollziehen? Redet darüber in der Klasse.

5 Besucht die Internetseite unter http://www.reporter-ohne-grenzen.de/ Informiert euch darüber, was die Ziele dieser Organisation sind.

Das kann ich!

1 Ergänze die Sätze mit passenden Wörtern.

abgewählt, achtzehn, Entscheidungen, Interessen, kandidieren, Klassensprecher, Schülerzeitung, Volksherrschaft, Wahlen, Wähler

Das Wort Demokratie kommt aus dem Griechischen und bedeutet

____________________.

In einer Demokratie bestimmt das Volk durch ____________________.

In der Schule kannst du dich demokratisch beteiligen, indem du

in der ____________________ mitschreibst oder

dich zum ____________________ wählen lässt.

So kannst du die ____________________ deiner Mitschüler und

auch deine eigenen gut vertreten.

Wenn du ____________________ Jahre alt bist, darfst du

an allen politischen Wahlen teilnehmen.

Du darfst dann auch selbst für ein Amt ____________________.

In einer Demokratie müssen die Politiker die Meinung

ihrer ____________________ vertreten. Wenn sie das nicht gut genug

tun, werden sie bei der nächsten Wahl ____________________.

Wenn man wählen geht, bestimmt man also darüber,

welche ____________________ in unserem Land

getroffen werden.

Meinung

2 Die drei Funktionen der Medien sind Information, Kontrolle und Meinungsbildung. Was bedeutet das?

Information bedeutet ____________________

Kontrolle bedeutet ____________________

Meinungsbildung bedeutet ____________________

3 Richtig oder falsch? Kreuze an.

	richtig	falsch
In Deutschland ist die Pressefreiheit im Grundgesetz verankert.	☐	☐
In allen Ländern der Welt gibt es Pressefreiheit.	☐	☐
Die Politiker in einem demokratischen Staat vertreten die Meinung ihrer Wähler.	☐	☐
Die Politiker werden von den Bürgern gewählt.	☐	☐
In Deutschland dürfen alle Schüler an allen politischen Wahlen teilnehmen.	☐	☐

4 Was war für dich interessant in diesem Kapitel?
Worüber möchtest du mehr erfahren?

Die Europäische Union

Die Europäische Union (EU) ist ein Zusammenschluss von 28 europäischen Staaten.
Diese Staaten sind Partner in Wirtschaft, Politik und Forschung.
Deutschland ist ein Mitglied der EU.
Das Motto der EU ist: „In Vielfalt geeint".

1 Sprecht über das Motto. Was ist damit gemeint?

2 Seht euch die Münzen an.
Aus welchem Staat der EU kommt das Geld?
Woran könnt ihr das Herkunftsland erkennen?

3 Was fällt euch zum Thema EU ein?

Wenn ich an die EU denke …

4 Schreibe deine Meinung in die Sprechblase. Oder male ein Bild dazu.

Die EU entdecken

Hier findest du verschiedene Symbole der EU.

①

②

③

④

⑤

1 Zu jedem Bild gehört ein Satz. Was passt zusammen?
Trage die Bildnummern in die Kästchen ein.

- ☐ Die EU-Flagge zeigt zwölf goldene Sterne im Kreis auf blauem Hintergrund.
- ☐ Der Europatag wird jedes Jahr am 9. Mai gefeiert.
- ☐ Die Länder der EU haben eine gemeinsame Währung – den Euro.
- ☐ Die Rückseite der Euro-Münzen ist je nach Land unterschiedlich.
- ☐ Die EU-Hymne ist die Melodie aus Beethovens Neunter Symphonie.

2 Welche europäischen Staaten haben den Euro?
Informiert euch im Internet.

→ www.kinder.diplo.de

Ergänzt den Satz.

So viele EU-Staaten haben den Euro: ________ Länder.

Die EU entdecken

Einige Staaten in Europa schlossen sich erstmals 1951 zusammen.
Heute gehören 28 Staaten zur EU.

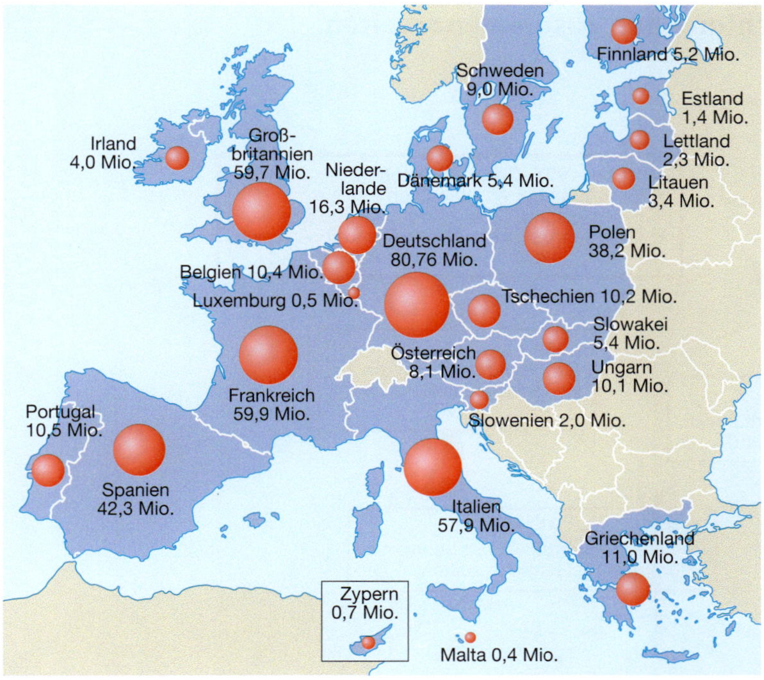

Bevölkerung der EU-Staaten

EU-Rekorde

Der Staat mit der größten Fläche ist Frankreich. Der Staat mit der größten Bevölkerungszahl ist Deutschland.
Deutschland hat ca.
80,7 Millionen Einwohner.
Der Staat mit der kleinsten Bevölkerungszahl ist Malta.
Malta hat ungefähr 0,4 Millionen Einwohner. Insgesamt wohnen in der EU ca. 507 Millionen Menschen.

3 Ergänze die Sätze mit den passenden Wörtern und Zahlen.

Der Staat mit der größten Fläche ist ____________________.

Der Staat mit der größten Einwohnerzahl ist ____________________.

Dieses Land hat ca. ____________________ Einwohner.

Die wenigsten Einwohner hat ____________________.

Dieser Inselstaat hat ca. ____________________ Einwohner.

Insgesamt wohnen ca. ____________________ Menschen in der EU.

→ Malta
Deutschland
Frankreich

80,7 Millionen
0,4 Millionen
507 Millionen

4 Was wollt ihr noch über die EU wissen?
Wo könnt ihr euch erkundigen?

→ www.eiz-niedersachsen.de
www.europa-digital.de

Geschichte der europäischen Einigung

Mit dem Ende des Zweiten Weltkrieges 1945 waren weite Teile Europas völlig zerstört. Damit die einzelnen Staaten in Frieden zusammenleben können, wollten die ehemaligen Kriegsgegner insbesondere Frankreich und Deutschland nun zusammenarbeiten.

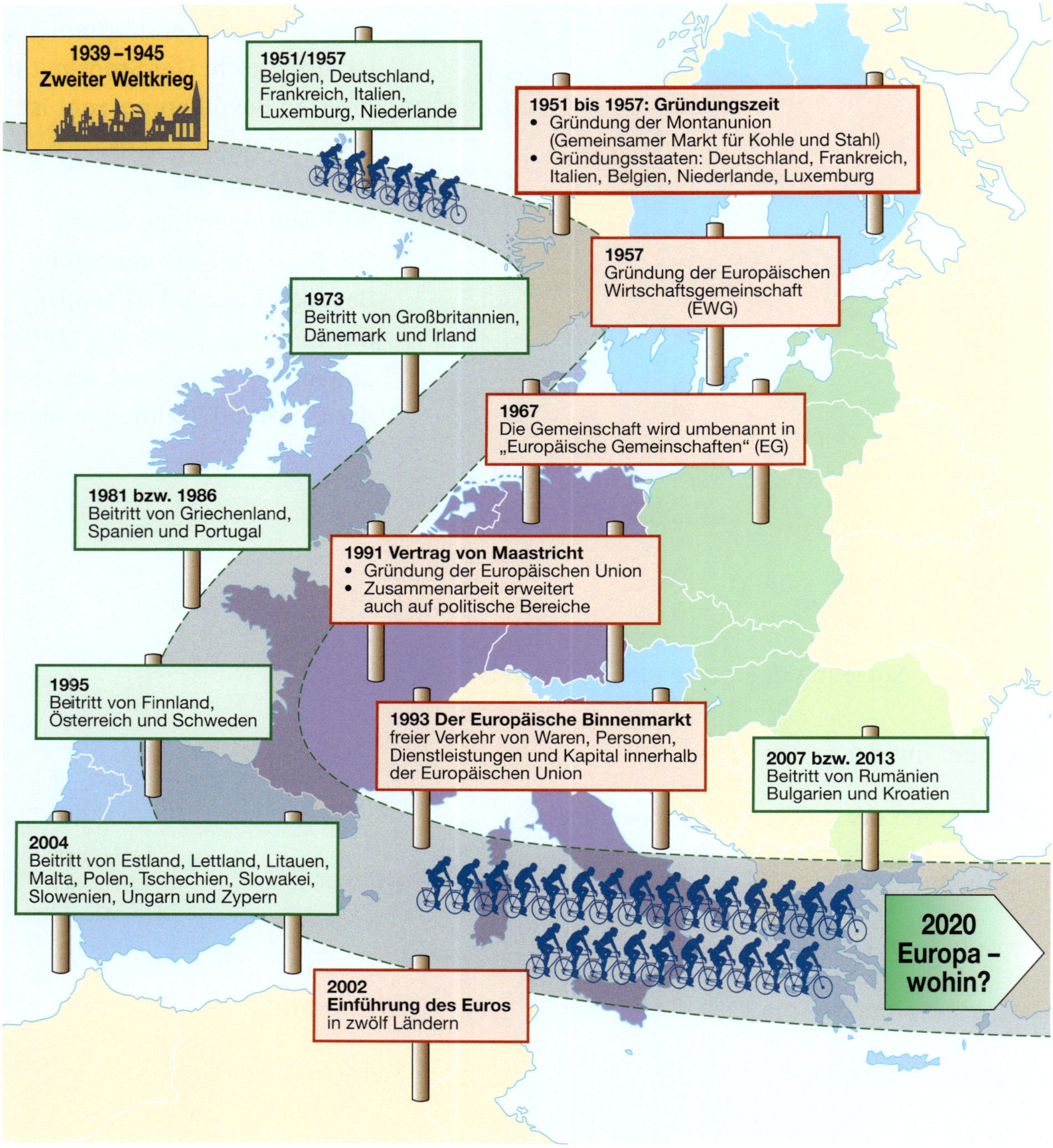

Die Türkei und Mazedonien sind weitere Staaten, die der EU beitreten möchten. Man nennt sie Beitrittskandidaten. Ein Beitrittskandidat muss demokratisch sein, die Menschenrechte achten und eine funktionierende Wirtschaft haben.

Geschichte der europäischen Einigung

Die Europäische Union wurde im Laufe der Zeit immer größer.

1 Markiere die Erweiterungen in der Karte farbig.
Die Gründungsstaaten haben wir rot markiert.

→ Erweiterung 1973: orange
Erweiterung 1981–1986: gelb
Erweiterung 1995: grün
Erweiterung 2004: blau
Erweiterung 2007–2013: lila

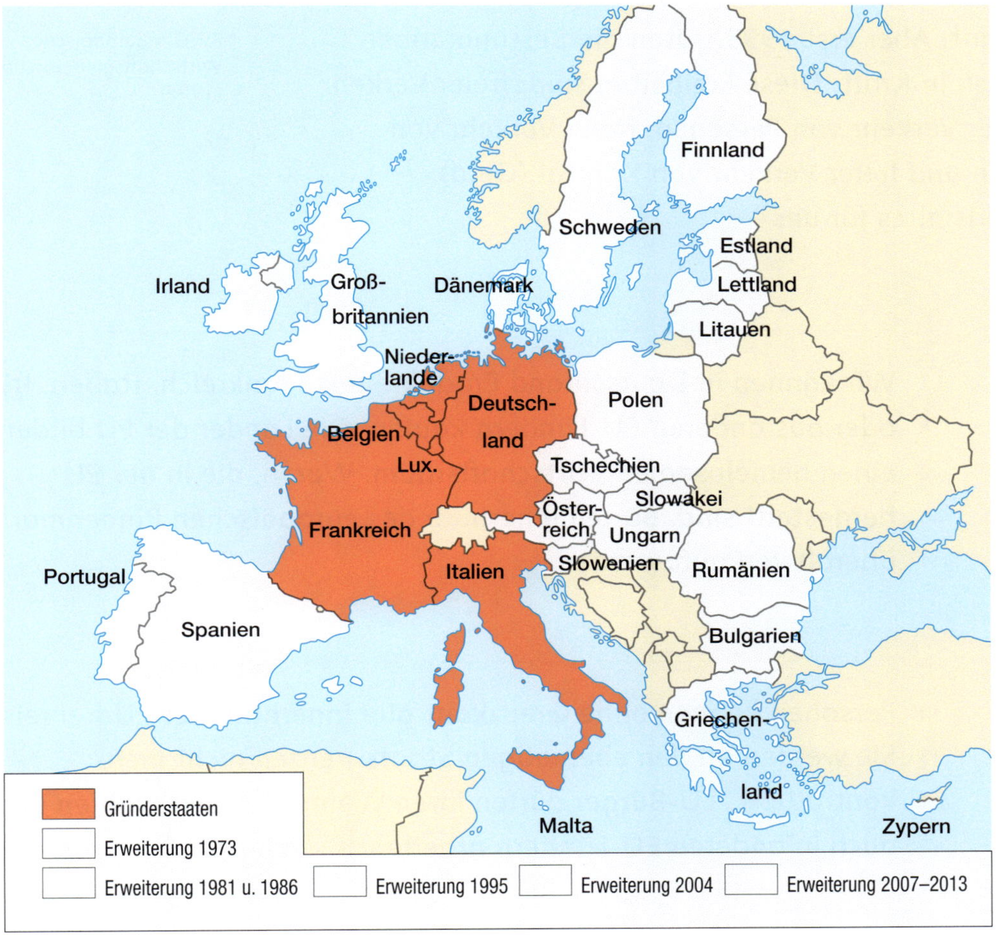

2 Beantworte die Fragen.

a) Wann war der erste Zusammenschluss von europäischen Staaten?

b) Welche Länder sind die Gründungsmitglieder der EU?

c) Wann war die letzte Erweiterung der EU?
Welche Länder sind beigetreten?

Wirtschaftliche Zusammenarbeit in der EU

Die Länder der EU bilden einen gemeinsamen Wirtschaftsraum.

Der Europäische Binnenmarkt

Der europäische Binnenmarkt war schon bei der Gründung der EWG* geplant. Aber erst 1993 traten die Bestimmungen der vier Freiheiten in Kraft. Diese Freiheiten sind: freier Verkehr von Waren, freier Verkehr von Personen, freier Verkehr von Dienstleistungen und freier Verkehr von Kapital (Geld). Was bedeutet das alles für uns?

* EWG = Europäische Wirtschaftsgemeinschaft (1957)

Wir können in Deutschland Produkte aus Frankreich, Italien, Irland oder aus anderen EU-Ländern kaufen. Die Länder der EU bilden einen gemeinsamen Wirtschaftsraum. Waren, die in der EU hergestellt sind, dürfen innerhalb des europäischen Binnenmarktes überall verkauft werden.

Personen können ohne Grenzkontrolle innerhalb der EU frei reisen. Sie werden an den ehemaligen Staatsgrenzen nicht mehr kontrolliert. EU-Bürger dürfen ihren Wohnort selbst wählen und auch in anderen EU-Ländern arbeiten.

Versicherungen und Dienstleistungen dürfen EU-weit angeboten werden. Das heißt, wir können diese Leistungen überall in der EU in Anspruch nehmen. Das gilt zum Beispiel auch für die Krankenversicherung.

Genauso können Unternehmen, Firmen und Privatpersonen ihr Kapital frei innerhalb der EU anlegen. Das heißt, sie können ein Konto in einem anderen EU-Land eröffnen und darauf regelmäßig Geld einzahlen.

1 Was sind die vier Freiheiten des Europäischen Binnenmarktes?

Wirtschaftliche Zusammenarbeit in der EU

2 Schreibe die passende Überschrift über die Abschnitte.

→ Textknacker Schritt 3

Freier Personenverkehr — Freier Warenverkehr — Freier Dienstleistungsverkehr — Freier Kapitalverkehr

3 Die EU-Bürger haben durch den gemeinsamen Wirtschaftsraum viele Vorteile. Beende die Sätze der EU-Bürger. Trage die passenden Buchstaben ein.

Ich bin Franzose und habe zu Hause keine Arbeit gefunden. In Belgien habe ich ...	R	… trotzdem keine hohe Telefonrechnung gehabt. Denn für alle EU-Länder gilt ein Einheitstarif.	
Ich bin deutscher LKW-Fahrer und fahre täglich durch Frankreich und Spanien. Mein Chef bekommt …	A	… kein Geld tauschen, denn dort wird auch mit dem Euro bezahlt.	
Ich weiß, dass die Milch aus dem Supermarkt gesund ist, denn sie …	P	… eine Arbeitsstelle gefunden. Ich wohne jetzt auch dort. Zum Glück spricht man in Belgien auch französisch!	
Auf meiner Urlaubsreise durch Österreich und Italien musste ich …	U	…. genauso gut wie zu Hause in Deutschland.	
Ich hatte in Holland einen Mofa-Unfall. Die medizinische Versorgung war …	O	… wurde nach den EU-Verordnungen gereinigt und abgefüllt. Dies wird immer überprüft.	
In meinem letzten Urlaub in Spanien habe ich meinen Freund ganz oft zu Hause angerufen. Ich habe …	E	… Aufträge aus vielen Ländern der EU. So kann er auch außerhalb von Deutschland Geschäfte machen.	

Das Lösungswort heißt: ___ ___ ___ ___ ___ ___

4 Fasst zusammen: Warum ist der gemeinsame europäische Wirtschaftsraum für uns wichtig?

Politische Zusammenarbeit in der EU

Die Länder der EU arbeiten auch im politischen Bereich zusammen.

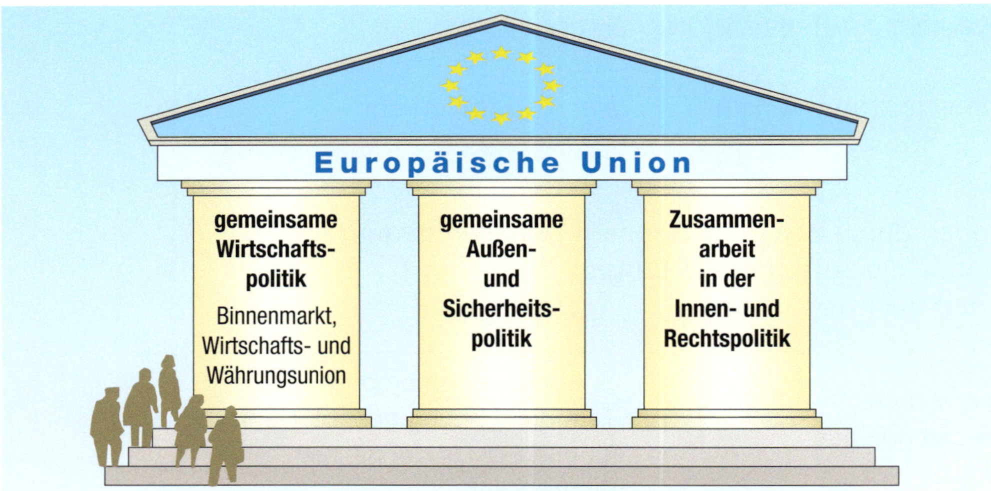

Die drei Säulen der Europäischen Union

Der Vertrag von Maastricht

Am 1. November 1993 ist der Vertrag über die Europäische Union in Kraft getreten. Der Vertrag wurde in Maastricht (Niederlande) ausgehandelt und unterzeichnet, daher kommt der Name. Die zwölf Mitgliedsstaaten wollten mehr als eine Wirtschaftsgemeinschaft sein. Sie wollten auch in der Politik zusammenarbeiten. Die Europäische Union bekam neue Aufgaben. Die Zusammenarbeit ruht auf drei Säulen.

1 Was bezeichnen wir als die drei Säulen der Europäischen Union?

1. Säule: ______________________________

2. Säule: ______________________________

3. Säule: ______________________________

Ab 1993 wurde die EU also auch eine politische Gemeinschaft. Seitdem verhandeln die EU-Politiker über wichtige Regelungen, die für alle EU-Länder gelten sollen. Wichtige Themen für die Zusammenarbeit sind: Umweltschutz, Verbraucherschutz, Energiepolitik, Gesundheitswesen, Bildung und Forschung.

2 Welche Bedeutung hat der Vertrag von Maastricht für die EU?

Politische Zusammenarbeit in der EU

Die EU-Länder haben gemeinsame Regelungen.

Was ist ein „EU-Gesetz“?

In der EU gibt es keine Gesetze, sondern Richtlinien oder Verordnungen. An diese sollen sich alle Mitgliedsstaaten und deren Bürger halten. Richtlinien geben nur das zu erreichende Ziel vor. Verordnungen dagegen geben Ziel, Form und Mittel zur Umsetzung direkt vor. Sie gelten in allen EU-Mitgliedsstaaten.

So entsteht eine Richtlinie

① Die Europäische Kommission macht einen Vorschlag zu einer Richtlinie.

SMS aus dem Ausland sollen billiger werden. Sie sollen nur noch 11 Cent kosten.

② Das Europäische Parlament legt fest, welcher Ausschuss den Vorschlag überprüft.

③ Ein Ausschuss aus Experten prüft den Vorschlag. Der Ausschuss schreibt für das Parlament einen Bericht.

Darüber diskutieren wir. Wir haben einen Änderungsvorschlag: SMS sollen 13 Cent kosten.

④ Das Parlament diskutiert über den Bericht und stimmt über den Vorschlag ab. Anschließend gibt das Parlament den Bericht an die Kommission und an den Ministerrat weiter.

Wir ändern den Vorschlag.

⑤ Die Kommission ändert/verbessert den Vorschlag nach Abstimmung mit dem Parlamentsbericht.

Wir sind einverstanden.

⑥ Der Ministerrat und das Parlament verhandeln über Änderungsvorschläge. Zum Schluss stimmen sie gleichberechtigt dem Vorschlag zu.

Wir beschließen, dass SMS in allen EU-Staaten nicht teurer als 13 Cent sein dürfen.

⑦ Der Ministerrat beschließt die Richtlinie. Mit ihrer Veröffentlichung tritt die Richtlinie in Kraft.

3 Wie ist die Richtlinie über die SMS-Kosten entstanden? Markiere die Schritte im Text.

4 Informiert euch über weitere wichtige EU-Regelungen.

Politische Zusammenarbeit in der EU

Wer regiert die EU?

Der Europäische Rat besteht aus den Staats- und Regierungschefs. Sie fällen die grundsätzlichen Entscheidungen. Der Europäische Rat bestimmt zusammen mit dem **Rat der Minister** die Außen- und Sicherheitspolitik.

Die Europäische Kommission
Sitz: in Brüssel (Belgien)
Die Mitglieder sind: aus jedem Mitgliedsstaat ein Kommissar und der Präsident der Kommission. Die Kommission hat das Recht, neue Gesetze der EU auf den Weg zu bringen.

Der Europäische Gerichtshof
Sitz: in Luxemburg
Die Mitglieder sind: 28 Richter – aus jedem Mitgliedsstaat ein Richter. Der Gerichtshof wacht über die Einhaltung der Verträge und Gesetze. Kommt es zu Streitfällen über Verordnungen und Richtlinien, entscheidet der Gerichtshof.

Das Europäische Parlament
Sitz: in Straßburg (Frankreich)
Die Mitglieder sind 785 Menschen aus 28 Staaten. Sie werden von den EU-Bürgern alle 5 Jahre gewählt. Das Parlament vertritt alle EU-Bürger, ist als Gesetzgeber tätig und beschließt auch den Haushalt.

So funktioniert die EU

1 Wer hat welche Aufgaben?
Verbinde die Namen der Institutionen mit ihren Aufgaben.

Europäisches Parlament	… vertritt die EU-Staaten, fällt die grundsätzlichen Entscheidungen, ist verantwortlich für die Außen- und Sicherheitspolitik.
EU-Ministerrat	… macht neue Gesetzesvorschläge, • ist für die Ausführung der bestehenden Gesetze zuständig, • setzt die Entscheidungen um.
Europäischer Gerichtshof	… trifft die wichtigsten Entscheidungen, • beschließt die Gesetze, • arbeitet mit dem EU-Parlament eng zusammen.
Europäische Kommission	… wacht über die Einhaltung der Verträge und Gesetze, • ist für die Rechtsprechung zuständig.
Der Europäische Rat (28 Regierungschefs)	… vertritt die Interessen aller EU-Bürger, • beschließt den Haushalt, • verabschiedet Gesetze. • Seine Mitglieder werden alle 5 Jahre gewählt.

Weiterführendes: Europas Zukunft

Warum sollte ich wählen gehen?
Was geht mich die EU an?

Bei der Europawahl hast du die Gelegenheit, die Abgeordneten zu wählen, die deine Meinung zu den EU-Themen vertreten.

Das sind die wichtigsten EU-Themen der Zukunft.

Klimaschutz ist eine Überlebensfrage. Die EU setzt sich für eine saubere Umwelt und für erneuerbare Energien ein. Es gibt Regelungen dafür. Bis 2020 soll 20 % des Stroms aus erneuerbaren Energien stammen. Damit verringern wir unsere Abhängigkeit von Erdöl und Erdgas und schützen das Klima.

Überall in der EU gelten die gleichen Regeln für Verbraucherschutz. Was soll in der Zukunft auf den Verpackungen stehen? Auf allen Nahrungsmitteln müssen sämtliche Zutaten und Bestandteile aufgeführt sein. Das hilft für alle Menschen, insbesondere für Allergiker.

Die Grenzkontrollen innerhalb der EU sind abgeschafft. Wir können in Europa frei reisen, ohne einen Reisepass. Die Bürger der EU dürfen innerhalb der EU frei reisen, wohnen und arbeiten. Aber wer garantiert für die Sicherheit? Die Polizeibehörden in den EU-Ländern arbeiten zusammen für die Bekämpfung von grenzübergreifender Kriminalität.

1 Schreibe zu jedem Textabschnitt eine passende Überschrift.

2 Sprecht über diese Themen in der Klasse.

Wie geht es weiter in Europa?

Vom 22. bis 25. Mai 2014 wurden alle Bürgerinnen und Bürger der EU aufgerufen, an der Europawahl* teilzunehmen. In Deutschland fand die Wahl am 25. Mai statt.

* Europawahl = Alle wahlberechtigten Bürger der 28 EU-Staaten dürfen die Abgeordneten des EU-Parlaments direkt wählen. Die Europawahl findet alle 5 Jahre statt.

3 Welches Wahlplakat gefällt dir am besten? Warum?

4 Wer darf an der Wahl des Europäischen Parlaments teilnehmen?

5 a) In welchem Jahr findet die nächste Europawahl statt?

____

b) Wirst du an der nächsten Europawahl teilnehmen? Begründe deine Meinung.

____

____

Das kann ich!

1 Beantworte die Fragen. Kreuze an.

a) Wofür steht die Abkürzung „EU"?

☐ Europa Union ☐ Europäische Union

b) Wie viele Sterne hat die EU-Flagge?

☐ 10 ☐ 12 ☐ 27

c) Ab wann konnte man in Deutschland mit dem Euro bezahlen?

☐ 2004 ☐ 1998 ☐ 2002

d) Wie oft findet die Europawahl statt?

☐ alle 4 Jahre ☐ alle 5 Jahre

2 Was sind die vier Freiheiten des Europäischen Binnenmarktes?

1 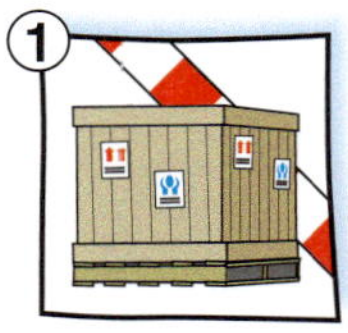

____

____

2 

____

____

3 

____

____

4 

____

____

3 In diesen Zeitungsmeldungen fehlen Zahlen und Wörter. Ergänze sie.

01.01.2002

Der ________________ ist da!

01.05. ________________

Die EU hat zehn neue Mitgliedsstaten bekommen!

1951

Ein großes Ereignis für den Frieden und die Wirtschaft Europas:
Gestern wurde die Europäische Gemeinschaft

für ________________ und ________________ gegründet!

4 Welche Vorteile hat die EU für ihre Bürger?
Beschreibe sie mit eigenen Worten.

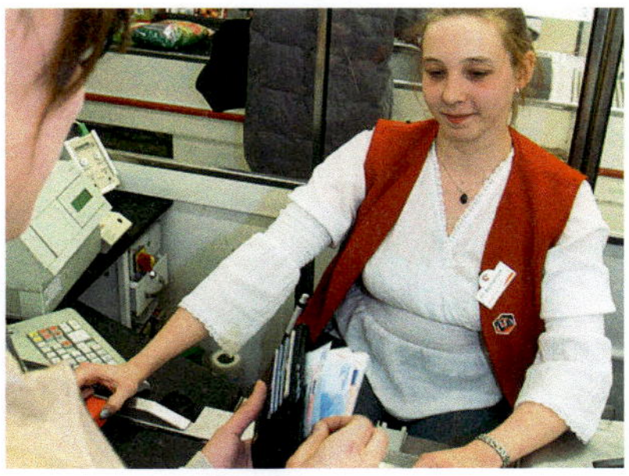

die Währung

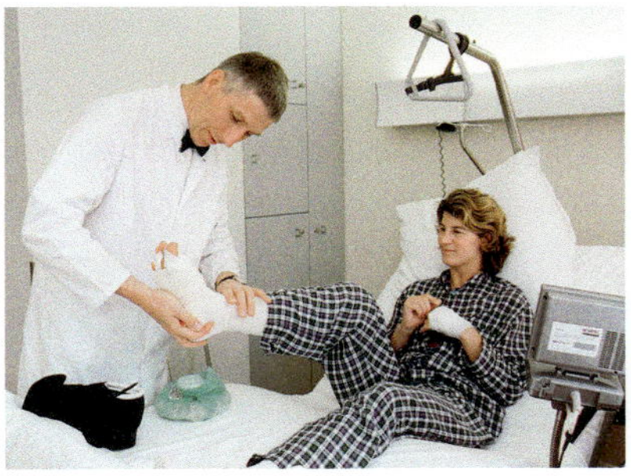

die medizinische Versorgung

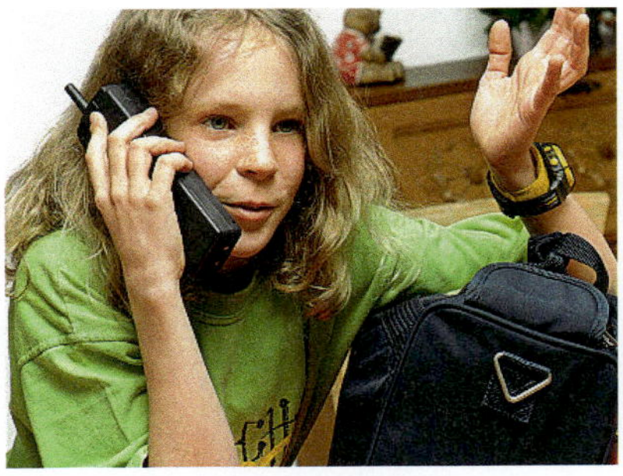

die Telefongebühren

5 Löse das Rätsel.

Motto, Partner, Wirtschaft, Euro, Sterne

Das Geld der EU ist der …

Die EU-Staaten sind …

Sie sind Partner in der …

„In Vielfalt geeint“ ist das …

Auf der Fahne sind goldene

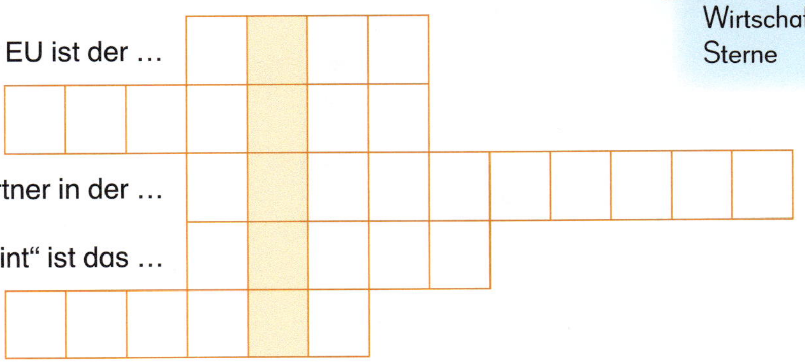

Das Lösungswort ist ein anderes Wort für „Zusammenschluss“: ___ ___ ___ ___ ___

Frieden und Zukunft sichern

**Im Jahre 2008 gab es insgesamt 345 Krisen und Konflikte auf der Welt.
Es verging also kaum ein Tag, ohne Gewalt und Krieg.
Die Entwicklung der letzten 50 Jahre zeigt,
dass gewaltsame Auseinandersetzungen auf der Welt stetig zunehmen.**

1 Beschreibt die Bilder.

2 Welche Folgen haben Kriege für die Menschen und für ihre Umgebung?

Es gibt viele Menschen und Organisationen, die Kriege verhindern wollen. Sie wollen etwas für den Frieden und für die Verständigung der Völker tun. Darüber erfährst du mehr in diesem Kapitel.

3 Sieh dir die Bilder genau an.
Schreibe die passenden Sätze unter die Bilder.

Menschen demonstrieren für den Frieden.

Dieses Denkmal steht in New York vor dem Gebäude der UNO.

Die deutsche Bundeswehr setzt sich für den Frieden ein.

Dieses Symbol für Frieden ist weltweit bekannt.

4 Was bedeutet „Frieden“ in deiner Sprache?

peace | shalom | béke | salam

Мир (=mir) | bariş | Frieden | irini

Warum gibt es Kriege?

**Kriege haben verschiedene Ursachen.
Darüber informiert der folgende Text.**

Kriege damals – und heute

→ Textknacker
1 Bilder
4 Schlüsselwörter

Fast immer in der Geschichte wurden Kriege geführt. Zum Beispiel im Altertum gab es große Eroberungskriege. So entstand auch das Römische Weltreich. Es ging dabei um Macht und um Gebietserweiterung. Die besiegten Völker mussten Tribut an die Sieger zahlen.

In späteren Zeiten wurden ähnliche Kriege geführt, nur mit anderen Mitteln. Eine wichtige Ursache für Krieg war auch die Religion. Im Laufe der Jahrhunderte gab es Glaubenskriege, Unabhängigkeitskriege und viele Bürgerkriege auf der Welt. Bürgerkriege entstehen, wenn Menschen innerhalb eines Staates gegeneinander kämpfen. Menschen sind mit der Regierung ihres Landes unzufrieden und fordern mit Gewalt ihre Rechte ein.

Im 20. Jahrhundert erlebte die Menschheit zwei Weltkriege. Nun kämpften nicht nur einzelne Länder, sondern große Staatenbündnisse gegeneinander. Nach dem 2. Weltkrieg gab es auf der Welt zwei große Machtsysteme. Sie standen sich noch bis Ende der 1970er Jahre feindlich gegenüber. Erst um diese Zeit begann eine Annäherung zwischen den zwei Weltmächten: den USA und der Sowjetunion.

Heutzutage werden Kriege oft aus anderen Gründen geführt. Bestimmte lebenswichtige Rohstoffe auf der Welt sind knapp geworden. Staaten wollen ihre Reserven sichern oder neue dazugewinnen. Sie kämpfen zum Beispiel um knappes Erdöl oder um Wasser.

1 Warum führen Menschen Kriege?
Markiert die verschiedenen Gründe im Text.

2 Nennt Beispiele aus der Geschichte für verschiedene Arten von Krieg.

Warum gibt es Kriege?

Auf diesem Bild siehst du viele Gründe für Krieg.

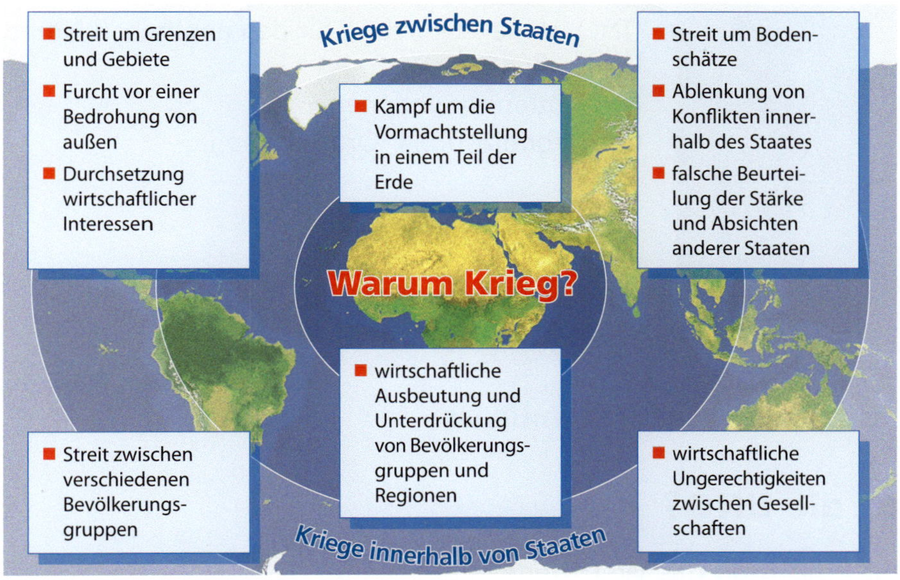

3 Beschreibe das Schaubild.

4 Ordne die passenden Wörter und Wortgruppen in die Tabelle ein.

Krieg innerhalb eines Landes	Krieg zwischen Staaten

→ Staaten kämpfen um knappes Erdöl

Menschen kämpfen gegen ihre eigene Regierung

Eroberungskrieg

Bürgerkrieg

5 Finde heraus: In welchen Ländern der Welt gibt es heute Krieg? Ergänze die Tabelle mit konkreten Beispielen.

→ www.frieden-fragen.de
www.sibilla-eugen-schule.de/konflikt/

Frieden sichern – die Aufgaben der UNO

Was ist die UNO?

UNO ist die Abkürzung für den englischen Namen:
U = United = Vereint
N = Nations = Nationen
O = Organization = Organisation.

UNO bedeutet also: Organisation der Vereinten Nationen.

Welche Aufgaben hat die UNO?

1945 wurde die UNO zur Erhaltung des Weltfriedens gegründet. Nach dem Zweiten Weltkrieg sollte die UNO die Zusammenarbeit der Länder fördern und den Ausbruch eines neuen Krieges verhindern. Mittlerweile gehören 192 Staaten der Erde zur UNO.

Heute setzt sich die UNO für den Frieden auf der Welt ein. Sie kümmert sich um die Achtung der Menschenrechte und setzt sich auch für die Gleichberechtigung von Frauen ein. Sie hilft Flüchtlingen in Kriegsgebieten.

Die UNO kann den Frieden auch mit militärischen Mitteln sichern. Die von der UNO entsendeten Soldaten tragen blaue Helme, deswegen werden sie oft „Blauhelme" genannt.

1 Was habt ihr über die Aufgaben der UNO erfahren?

Frieden sichern – die Aufgaben der UNO

Vor dem Hauptsitz der UNO in New York steht diese Skulptur.

2 Seht euch das Bild genau an.
Beschreibt die Skulptur auf dem Bild.
Was sagt uns dieses Bild über die Rolle der UNO?

„Non Violence". Skulptur von Carl Frederik Reuterswand

3 Wann wurde die UNO gegründet? ______

4 Richtig oder falsch? Kreuze an.

Die Abkürzung UNO bedeutet …	richtig	falsch
Operation der Verteidigten Nationen	☐	☐
Organisation der Vereinten Nationen	☐	☐

Der Hauptsitz der UNO ist in …	richtig	falsch
New York	☐	☐
Berlin	☐	☐

Die Aufgabe der UNO ist …	richtig	falsch
die Sicherung des Friedens auf der Welt	☐	☐
die Unfallversicherung von Soldaten	☐	☐

5 Welche Aufgaben haben die „Blauhelme"? Suche nach Beispielen.
Schreibe zwei konkrete Beispiele auf.

→ www.bpb.de
www.unric.org

Frieden sichern – die Bundeswehr

Die Bundeswehr entstand zehn Jahre nach dem Zweiten Weltkrieg.

Wozu brauchen wir die Bundeswehr?

→ Textknacker Umschlagklappe hinten

Die Bundeswehr ist seit 2011 eine Freiwilligenarmee. Die meisten Soldaten sind Berufs- oder Zeitsoldaten. Darüber hinaus können dort junge Männer und Frauen einen Freiwilligen Wehrdienst leisten. Es gibt drei Einsatzbereiche der Bundeswehr: an Land, in der Luft und auf dem Wasser.

Die Bundeswehr hat vier Aufgabenbereiche.

Schwerpunkt der aktuellen Einsätze der Bundeswehr ist es, den Frieden zu schützen. Dafür werden Soldaten ins Ausland in Krisengebiete geschickt, zum Beispiel nach Afghanistan. Dies ist nur im Rahmen eines Friedenseinsatzes von der NATO oder der UNO möglich.

Bei diesen Auslands-Einsätzen hilft die Bundeswehr beim Aufbau des Landes, wo die Menschen nach einem Krieg oft unter Armut, Hunger und schlechten hygienischen Verhältnissen leiden. Die Bundeswehr hilft bei der Versorgung mit Lebensmitteln und bei der medizinischen Versorgung.

Die Bundeswehr hilft auch, zwischen den Kriegsparteien zu vermitteln. Sie organisiert direkte Gespräche der Konflikt-Gegner, um sie friedlich von gemeinsamen Zielen zu überzeugen.

Die ursprüngliche Aufgabe der Bundeswehr war es, Deutschland bei einem feindlichen, militärischen Angriff zu verteidigen. Diese Gefahr besteht heutzutage nicht mehr. Erst seit 1994 sind auch Auslands-Einsätze vorgesehen. Um Stabilität in einem Land herzustellen, ist es manchmal auch nötig, zu kämpfen. Hierfür verfügt die Bundeswehr über Panzer, Kampfflugzeuge und Kriegsschiffe.

Frieden sichern – die Bundeswehr

Das Schaubild zeigt euch die Aufgaben der Bundeswehr.

1 Nenne die vier Aufgaben der Bundeswehr.

2 Ordne die Aufgaben den Textabschnitten auf Seite 54 zu.
Schreibe sie als Überschriften über die Absätze.

3 Was tun die Soldaten und Soldatinnen hier? Beschreibe mit eigenen Worten.

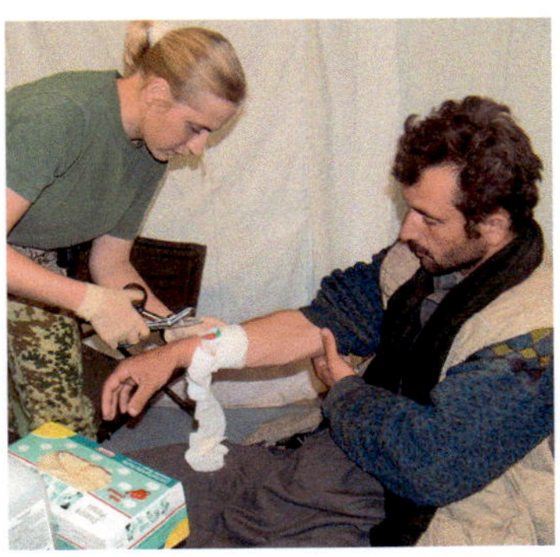

Zivilcourage zeigen

Auf dem Schulhof gehört ihr nun zu den ältesten Schülerinnen und Schülern. Die Jüngeren bewundern euch vielleicht und oft haben sie Respekt vor euch und eurer Meinung. Euer Eingreifen kann manchmal bei Jüngeren mehr bewirken als Ermahnungen von Lehrern. Denn die Jüngeren hören auf euch, wenn es darauf ankommt. Ihr könnt mit eurem Verhalten ein Vorbild für Jüngere sein.

Gestern in der Hofpause

1 Was passiert auf dem Bild?
Was hilft in solchen Situationen? Sprecht darüber in der Klasse.

Die Klasse 10b hat ihre Tipps gesammelt.

1. **BLEIB RUHIG!**
   Sprich ruhig und leise. Konzentriere dich darauf, was zu tun ist. Lass dich nicht ablenken von Gefühlen wie Angst oder Ärger.
2. **HOLE HILFE!**
   Rufe nach einer Aufsicht. Falls kein Lehrer in Sicht ist: Bitte einen Mitschüler, jemanden zu holen.
3. **SAG „STOPP!"**
   Keine lange Diskussionen: Fordere die Streithähne auf, sofort aufzuhören: „Stopp! Hier wird nicht geprügelt!" oder „Hört sofort auf!"
4. **HALTE ZUM OPFER!**
   Nimm Blickkontakt zum Opfer auf. Das vermindert seine Angst. Sprich das Opfer direkt an: „Ich helfe dir".
5. **WENDE KEINE GEWALT AN!**
   Lass dich selbst nicht provozieren, bleib ruhig.
6. **PROVOZIERE DEN TÄTER NICHT!**
   Kritisiere das Verhalten des Täters, nicht aber seine Person.

Solche Situationen erlebt man nicht nur auf dem Schulhof.

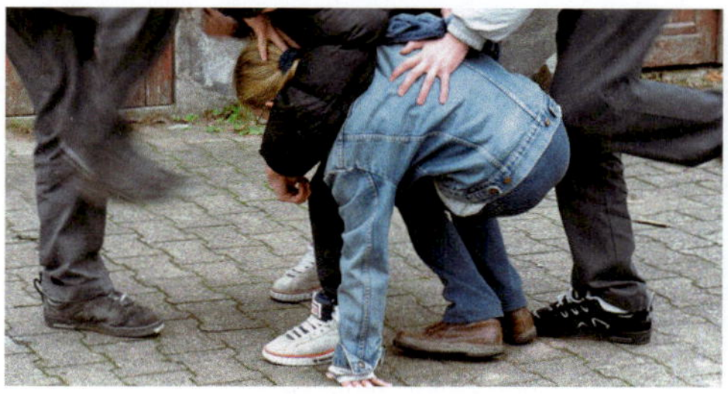

2 Beschreibt eine Situation, in der ihr in einen Konflikt eingegriffen habt.

a) Was war passiert?

b) Wie hast du reagiert?

c) Welche Folgen hatte dein Verhalten?

3 Lest eure Antworten vor. Diskutiert über verschiedene Möglichkeiten.

4 Sammelt eure Regeln und erstellt ein Plakat mit hilfreichen Tipps für Zivilcourage.

Das kann ich!

Die UNO

1 Was bedeuten die Buchstaben für das englische Wort UNO?

U : ______________________

N : ______________________

O : ______________________

b) Was bedeutet das auf Deutsch?

____

2 Wann wurde die UNO gegründet?
Kreuze die richtige Antwort an:

- ☐ nach dem Ersten Weltkrieg
- ☐ nach dem Zweiten Weltkrieg
- ☐ nach der Wiedervereinigung Deutschlands

3 Warum wurde die UNO gegründet?

____

____

4 Welche Regeln müssen die Staaten der UNO anerkennen?
Trage die passenden Wörter in die Lücken ein:

Alle Staaten sind ______________________.

Wir ______________________ unsere Verträge.

Wir verzichten bei unserer Arbeit auf ______________.

Wir unterstützen die ______________________ der UNO.

Wir unterstützen die ______________ der UNO.

→ beachten
Gewalt
gleichberechtigt
praktische Arbeit
Ziele

Die Bundeswehr

5 Welcher Bundesminister ist für die Bundeswehr zuständig?
Kreuze die richtige Antwort an.

- ☐ der Wirtschaftsminister
- ☐ der Außenminister
- ☐ der Verteidigungsminister

6 Wie heißen die vier Aufgabenbereiche der Bundeswehr?

a) Schreibe die Aufgabenbereiche auf.
b) Beschreibe darunter jeweils, was dieser Aufgabenbereich bedeutet.

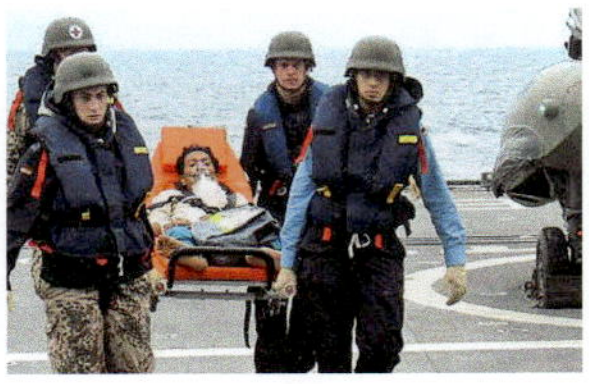

7 Profi-Aufgabe. Findet heraus: In welchen Krisengebieten ist die deutsche Bundeswehr heute im Friedenseinsatz? Schreibt Beispiele auf.

→ www.bundeswehr.de

Auf dem Weg zur Volljährigkeit

1 Was ändert sich für euch, wenn ihr 18 Jahre alt werdet?

Dein letztes Schuljahr läuft.
Bald werden viele Veränderungen auf dich zukommen.
Du bist auf dem Weg zur Volljährigkeit.

In diesem Kapitel wirst du über deine neuen Rechte und Verantwortungen erfahren.

2 Welche Pläne hast du für dein Leben als Erwachsener?

3 Was erwartest du? Was wird auf dich zukommen?

4 Welche Fragen hast du?

5 Arbeite mit einem Partner.
Besprecht eure Antworten miteinander.

Einen Lebensordner anlegen

Bisher haben deine Eltern alle wichtigen Papiere für dich gesammelt. Jetzt ist es deine Aufgabe. Wichtige Papiere, Briefe und Formulare kannst du in einem Ordner sammeln und ablegen.

In deinem Lebensordner kannst du alle Papiere sammeln, die

- mit deiner Person,
- mit deiner Schule,
- mit deiner Berufsausbildung,
- mit deinem Geld,
- mit den Versicherungen,
- mit deiner Wohnung,
- mit deiner Freizeit,

zu tun haben.

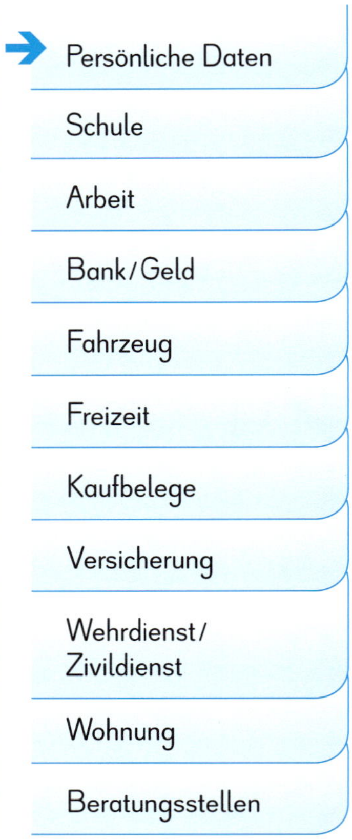

Du brauchst für deinen Lebensordner Folgendes:

- einen Aktenordner

- 12 Trennblätter mit Register

- 10 Klarsichthüllen

- linierte Blätter

1 Besorge die Materialien für den Lebensordner.

So kannst du einen Ordner anlegen.

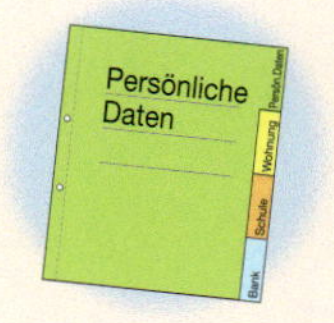

1. Zuerst musst du deinen Ordner vorbereiten. Du nimmst die Registertrennblätter und schreibst in Schönschrift die Begriffe der Randspalte auf die einzelnen Randkästchen.

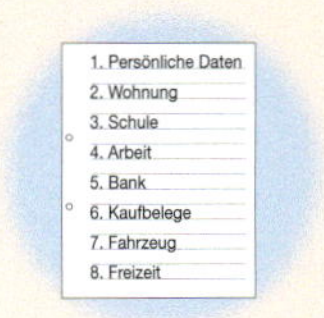

2. Auf ein liniertes Blatt schreibst du das Inhaltsverzeichnis deines Ordners. Die Reihenfolge ist die gleiche wie die auf der Randspalte. Das Inhaltsverzeichnis heftest du vor der ersten Registerseite ein.

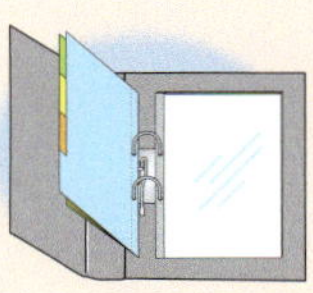

3. Hefte die Klarsichthüllen ganz hinten ein. Diese brauchst du für alle Unterlagen, die du nicht lochen darfst, z. B. für Zeugnisse.

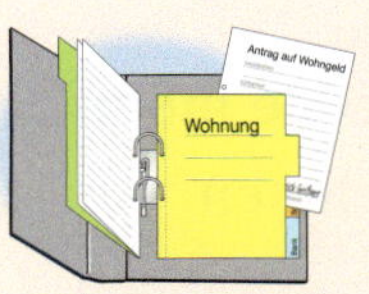

4. Nun beginnst du die Unterlagen und Informationen einzuordnen, die du jetzt schon hast. In diesem Kapitel lernst du noch weitere wichtige Adressen und Unterlagen kennen, die du auch einheften kannst.

   Was gehört wohin?
   Hier findest du Beispiele, die dir helfen können:

Kopie deiner Geburtsurkunde → Persönliche Daten
Kopien der Zeugnisse → Schule
Briefe von der Arbeitsagentur → Arbeit
Kaufbeleg vom Fernseher → Kaufbelege
Fahrzeugbrief vom Motorroller → Fahrzeug
Kontoauszug → Bank/Geld
Wohngeldantrag → Wohnung
Mitgliedsausweis Sportverein → Freizeit

2 Welche Unterlagen für den Lebensordner hast du bereits?
Ordne deine Unterlagen in den Ordner ein.

Endlich 18! – Du bist volljährig

> **§ Bürgerliches Gesetzbuch § 2:**
> Eintritt der Volljährigkeit
>
> Die Volljährigkeit tritt mit der Vollendung des 18. Lebensjahres ein.

Das Bürgerliche Gesetzbuch (BGB) legt in Paragraph (§) 2 fest, dass ein Jugendlicher mit seinem 18. Geburtstag volljährig wird. Der junge Erwachsene darf nun selbstständig Entscheidungen treffen, ohne seine Eltern oder einen Betreuer fragen zu müssen.

Rechte und Verantwortungen

1 Mit steigendem Alter dürfen Kinder, Jugendliche und junge Erwachsene mehr.
2 Damit müssen sie auch mehr Verantwortung für ihr Handeln übernehmen.

Das darfst du mit 18 Jahren:	Dafür bist du mit 18 verantwortlich:
• Du hast das aktive und das passive Wahlrecht. (Du darfst wählen und dich wählen lassen.) • Mit 17 Jahren kannst du den Führerschein für das Auto und das Motorrad machen. Mit 18 Jahren darfst du das Auto allein führen. • Du bist voll geschäftsfähig; das heißt, du darfst Kaufverträge abschließen. • Du darfst deinen Wohnort selbst auswählen. • Du darfst die Berufsausbildung, den Beruf oder den Job selbst auswählen. • Du darfst jede Art Alkohol kaufen und trinken. • Du darfst in der Öffentlichkeit rauchen. • Du darfst in alle Gaststätten und Discos – solange du willst. • Du darfst ohne Erlaubnis der Eltern heiraten.	Als junger Erwachsener musst du für deine Entscheidungen persönlich einstehen. • Du bist voll strafmündig. Das heißt, wenn du dich nicht an die Gesetze hältst, kannst du dafür nach dem Erwachsenenstrafrecht bestraft werden. • Du bist haftbar, wenn du etwas kaputt machst oder etwas kaufst, was du nicht bezahlen kannst.

Endlich 18! – Du bist volljährig

1 Richtig oder falsch? Kreuze an.

	richtig	falsch
Erst ab dem Tag nach deinem 18. Geburtstag bist du volljährig.	☐	☐
Als Volljähriger darfst du alleine Entscheidungen treffen.	☐	☐
Du bist mit der Volljährigkeit voll strafmündig.	☐	☐
Du darfst dir mit 18 Jahren eine eigene Wohnung suchen, aber nur, wenn deine Eltern einverstanden sind.	☐	☐
Du darfst mit 18 Jahren ein Auto kaufen.	☐	☐
Wenn du das Auto nicht bezahlen kannst, müssen deine Eltern für dich zahlen.	☐	☐
Du darfst dich nur bis 1 Uhr nachts in Gaststätten aufhalten.	☐	☐
Du darfst nur mit Einverständnis der Eltern in der Öffentlichkeit rauchen.	☐	☐

2 Ergänze die Sätze mit den passenden Wörtern.

→ Verträge
volljährig
Entscheidungen
Verantwortung
Erwachsenen-strafrecht
haftbar

Du bist endlich 18 und ______________________.

Du kannst jetzt allein ___________________________ treffen.

Du darfst ______________________ abschließen.

Du hast die volle ______________________ für deine Entscheidungen:

Du bist für alles ______________________.

Wenn du etwas Illegales tust, kannst du nach

dem ______________________________ verurteilt werden.

3 Arbeite mit einem Partner.
- Was ist erlaubt ab 18?
- Wofür bist du mit 18 verantwortlich?

Sammelt konkrete Beispiele und schreibt sie auf.

Voll geschäftsfähig – kaufen was ich will?

Patrick ist gerade 18 Jahre alt geworden und verdient während der Ausbildung sein eigenes Geld.

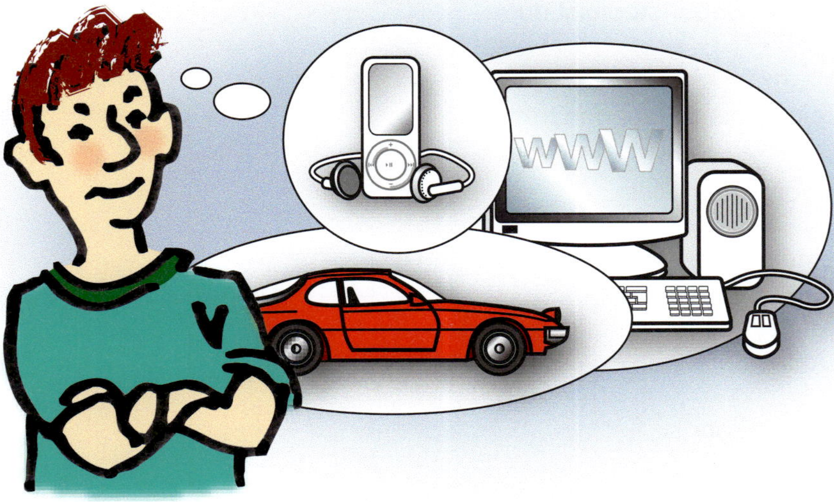

Was kann sich Patrick leisten?

Patrick hat letztes Jahr den Führerschein gemacht. Jetzt möchte er sich ein Auto kaufen. Er möchte sich auch ein neues Handy und einen MP3-Player anschaffen. Er kann nicht alles von seinem Monatslohn bezahlen. Aber es gibt ja Angebote zum Ratenkauf. So kann er alles auf einmal kaufen.

Patrick lädt sich immer die neuesten Klingeltöne und Logos herunter. Nach einem Jahr ist seine Handyrechnung so hoch, dass er die Raten fürs Auto nicht mehr zahlen kann.

Nach drei Mahnungen des Mobilfunkunternehmens und des Autohändlers erhält Patrick eine Vorladung zum gerichtlichen Mahnverfahren. Da er die Rechnungen weiterhin nicht zahlen kann, lösen beide Unternehmen die Kaufverträge auf. Patrick muss das Auto und das Handy abgeben.

Da Patrick dem Mobilfunkunternehmen immer noch Geld schuldet, wird eine Zwangspfändung durchgeführt. Patrick muss seinen Computer abgeben. Die Kosten für das Gerichtsverfahren und die Pfändung muss Patrick zahlen.

1 Was wollte Patrick alles haben?
Wie kam es dazu, dass Patrick sich verschuldet hat?

Voll geschäftsfähig – kaufen was ich will?

Patrick hat sich verschuldet. Was kann er jetzt tun?

Patrick hat sich einen Termin bei der Schuldnerberatung geben lassen. Dort will er mit Hilfe einen Finanzplan aufstellen, damit er seine Schulden los wird, und in Zukunft auch keine neuen Schulden mehr macht. Patrick ist mit 18 voll verantwortlich und haftbar für seine Kaufverträge.

2 Wie hat sich Patrick verschuldet?
Bringe die Sätze in die richtige Reihenfolge, indem du sie nummerierst.

- [1] Patrick will sich alles auf einmal kaufen.
- [ ] Patrick erhält schriftliche Mahnungen.
- [ ] Zum Schluss wird eine Zwangspfändung durchgeführt.
- [ ] Deshalb unterschreibt er fürs Auto einen Kaufvertrag auf Raten.
- [ ] Dann kauft er sich auch ein teures Handy und lädt sich immer neue Klingeltöne herunter.
- [ ] Patrick muss wegen des Mahnverfahrens vor Gericht.
- [ ] Patrick kann seine Rechungen nicht bezahlen.

3 Schreibe die Sätze in der richtigen Reihenfolge auf ein Blatt.

1. Patrick will ... ______________________

____

4 Wie hat Patrick sein Problem gelöst?

5 Informiere dich im Internet. Gib in deine Suchmaschine die Begriffe „Schuldnerhilfe" oder „Schuldnerberatung" und deinen Wohnort ein.

a) Suche die Adresse der nächsten Schuldnerberatung heraus und schreibe sie auf ein liniertes Blatt.

b) Hefte das Blatt unter dem Sammelbegriff „Beratungsstellen" in deinen Lebensordner.

Ein eigenes Fahrzeug: Versicherungen und andere Kosten

Patrick war stolz auf sein erstes eigenes Auto, einen Gebrauchtwagen. Leider hatte er nach wenigen Monaten einen Auffahrunfall.

Da Patrick der Unfallverursacher war, ist er für den Schaden am anderen Auto verantwortlich. Sein eigenes Auto muss auch repariert werden.

Patrick ist jetzt froh, dass er eine Kfz-Haftpflicht-Versicherung abgeschlossen hat. Die Versicherung zahlt den Unfallschaden am anderen Auto.

Patrick erhielt aber einen Brief von seiner Versicherung. Er muss nun einen höheren Versicherungsbeitrag zahlen. Er wird höher gestuft.

Was kostet ein eigenes Auto wirklich?

Textknacker
Umschlagklappe
hinten

Patrick zahlt jährlich 620 € an die Versicherung. Damit hat er für einen möglichen Unfall Geld „gespart“. Wenn Patrick einen Unfall verursacht, zahlt die Versicherung den Schaden am anderen Auto.

Was zahlt Patrick außerdem für sein Auto? Patrick muss für sein Auto Kfz-Steuern zahlen. Die Höhe der Steuer richtet sich nach der Hubraumgröße des Autos und nach der Emissionsklasse (Schadstoffausstoß). Patrick zahlt 405 € Steuern im Jahr. Patricks Auto hat Sommerreifen. Für den Winter muss er sich Winterreifen kaufen. Diese 4 Reifen kosten 320 €. Der Wechsel der Reifen in der Werkstatt kostet Patrick zweimal im Jahr 50 €. Patrick zahlt auch die Benzinkosten. Eine Tankfüllung kostet ca. 40 €. Da das Auto nicht mehr ganz neu ist, muss Patrick immer damit rechnen, dass Reparaturen nötig werden. Diese Kosten können unerwartet und hoch sein.

Ein eigenes Fahrzeug: Versicherungen und andere Kosten

1 Was kostet ein Auto wirklich?

a) Markiere im Text die Kosten, die Patrick für sein Auto zahlt.
b) Berechne die gesamten Kosten für ein Auto für das erste und für das zweite Jahr nach dem Kauf.

Zweck	Kosten	Menge/Zeitraum	Kosten gesamt
*Anschaffung Gebrauchtwagen	2500 €	einmalig	
Haftpflichtversicherung	620 €	jährlich	
Kfz-Steuer	405 €	jährlich	
*Anschaffung Winterreifen	320 €	einmalig	
Kosten des Reifenwechsels	50 €	2-mal im Jahr	
Tankfüllung	40 €	12-mal im Jahr	
Tankfüllung für die Urlaubsreise	40 €	2-mal (Hin- und Rückfahrt)	
Reparatur	250 €	jährlich	
Gesamtkosten im ersten Jahr			
Gesamtkosten im zweiten Jahr *ohne Anschaffung			

2 Jetzt weißt du, wie viel ein Auto im Jahr wirklich kosten kann.
Wie viel kostet es im 2. Jahr jeden Monat?

Die erste Mietwohnung

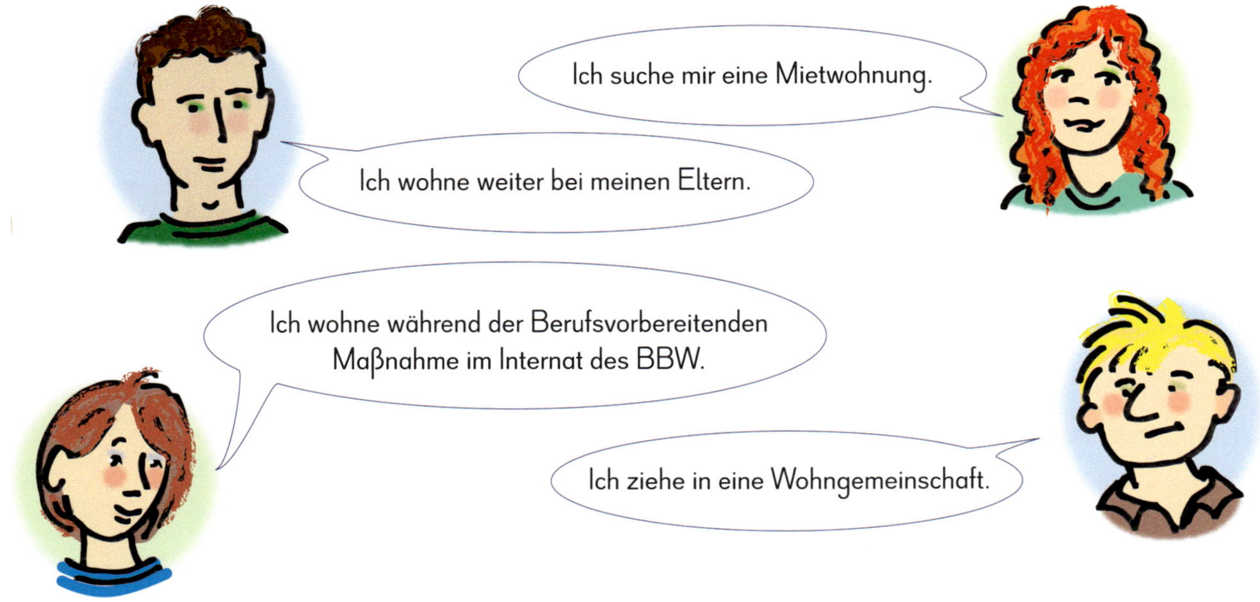

Manu sucht sich eine Mietwohnung

Manu wohnt mit ihrem Freund seit kurzem in einer 2-Zimmer-Wohnung. Manu fand die Wohnung durch eine Anzeige im Internet. Sie rief den Vermieter an und vereinbarte mit ihm einen Besichtigungstermin.

Manu war pünktlich zu dem Termin da. Zusammen mit anderen Interessenten hat sie sich die Wohnung angeschaut. Der Vermieter hat sich für Manu entschieden, weil sie ihm zuverlässig und ordentlich erschien.

Manu hat dann einen Mietvertrag unterschrieben. Sie zahlt jetzt monatlich 320,- € Kaltmiete und 60,- € für die Nebenkosten (Heizung, Wasser, Müllabfuhr). Sie zahlt also 380,- € Warmmiete. Sie musste auch eine Kaution über 640,- € zahlen. Diese erhält Manu zurück, wenn sie auszieht und keine Schäden in der Wohnung sind.

Weil Manu und ihr Freund noch in der Ausbildung sind und wenig Geld verdienen, haben sie Wohngeld beantragt. Nachdem sie den Mietvertrag abgeschlossen hatten, hat Manu sich beim Einwohnermeldeamt unter der neuen Adresse angemeldet.

Die erste Mietwohnung

1 Was musste Manu alles tun, um an die Wohnung zu kommen?
Markiere im Text die wichtigen Schritte bei der Wohnungssuche.

2 Schreibe die Schritte hier auf. Schreibe so:

Schritt 1: Wohnungsanzeigen im Jnternet suchen

Schritt 2: Vermieter anrufen und

Schritt 3:

Schritt 4:

Schritt 5:

Schritt 6: Beim Einwohnermeldeamt

Hier siehst du eine Wohnungsanzeige aus der Zeitung.

Ehrenfeld, 2-Zi, Kü, Bad, Diele, Balkon, 67 m², 1. OG, 510,- € KM zzgl. NK, 2 KM Kaution, provisionsfrei, Centaur Verwaltungen GmbH, 0221/923561

3 a) Was bedeuten die Abkürzungen? Verbinde.

zzgl.	Warmmiete
KM	zuzüglich
NK	Obergeschoss
WM	Kaltmiete
OG	Nebenkosten

b) Beantworte die Fragen.

Wie viel Räume gibt es in der Wohnung? ______________________

Wie groß ist die Wohnung? ______________________

Wie viel Kaution muss man bezahlen? ______________________

4 Besorge dir ein Formular zum Antrag auf Wohngeld.
Hefte das Formular in deinem Lebensordner ab.

Ich krieg die Krise! Wer kann mir helfen?

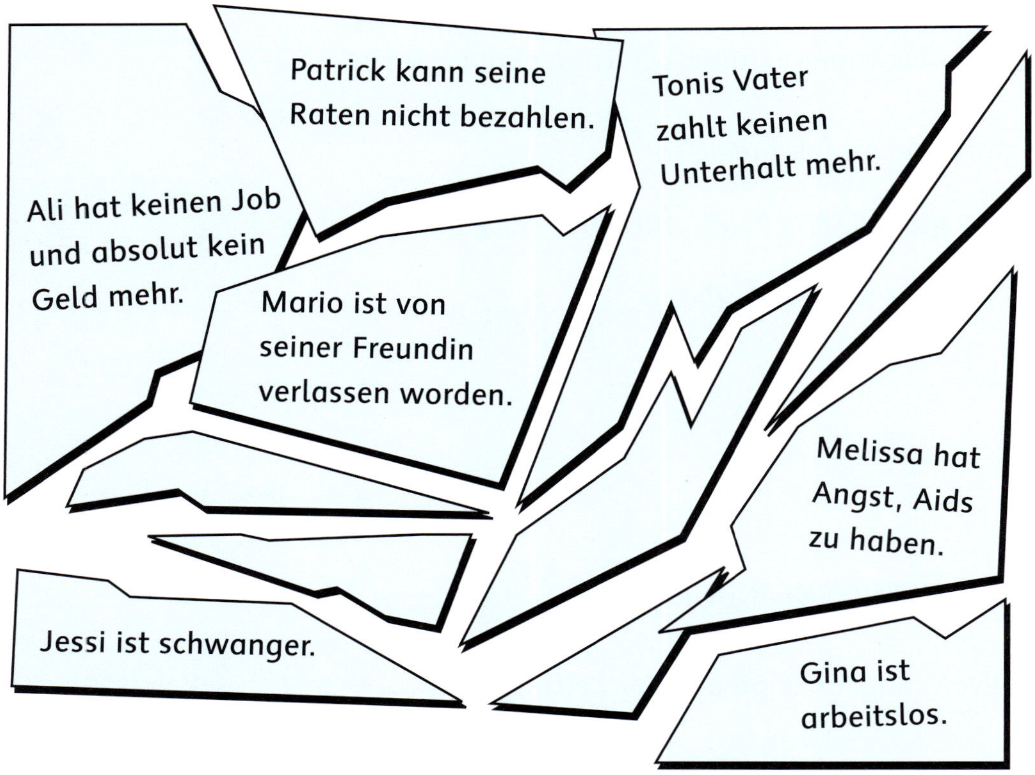

Wer kann mir helfen?

→ Textknacker
4 Schlüsselwörter

Jeder kann in schwierige Situationen kommen. Nicht jeder kann seine Probleme allein lösen. Oft bekommt man Hilfe von der Familie oder von Freunden. Aber das reicht nicht immer aus. Oder man kann mit niemandem über sein Problem reden.

Dann gibt es in jeder größeren Stadt in Deutschland Beratungsstellen, an die man sich wenden kann. Dort kann man mit Beratern reden, die sich mit den Problemen genau auskennen. Dort kann man sich helfen lassen, die Probleme in den Griff zu bekommen.

Beratungsstellen helfen jedem, der Hilfe braucht. Beratungsstellen helfen – soweit es geht – anonym, das heißt, niemand muss wissen, dass man dort ist. Beratungsstellen arbeiten meistens kostenlos, für die Beratung muss man also nicht bezahlen.

Ich krieg die Krise! Wer kann mir helfen?

1 Von Seite 67 weißt du schon, an wen sich Patrick gewendet hat, als er tief verschuldet war.

a) Er hat sich an die ______________________________ gewendet.
b) An wen können sich die anderen Personen wenden? Verbinde.

Gina	Schwangerschaftsberatung
Ali	Agentur für Arbeit
Jessi	Rechtsberatung
Toni	Job-Center
Melissa	psychologische Beratungsstellen
Mario	Gesundheitsamt

2 Suche im Internet nach Adressen von Beratungsstellen in deinem Wohnort oder in der nächsten größeren Stadt.

a) Gib die Begriffe aus Aufgabe 1 zusammen mit dem Namen deines Wohnortes in die Suchmaschine ein.
b) Schreibe die Adressen und Telefonnummern auf.

Agentur für Arbeit:

____

Rechtsberatung:

____

Psychologische Beratungsstelle:

____

Gesundheitsamt:

____

Schwangerschaftsberatung:

____

3 Hefte die Adressen der Beratungsstellen in deinem Lebensordner ab.

Weiterführendes: Was bedeutet Wehrdienst?

Der Wehrdienst in Deutschland ist im Grundgesetz geregelt.

Grundgesetz § 12 a
Männer können vom vollendeten 18. Lebensjahr an zum Dienst in den Streitkräften, im Bundesgrenzschutz oder in einem Zivilschutzverband verpflichtet werden.

Grundgesetz § 4
(3) Niemand darf gegen sein Gewissen zum Kriegsdienst mit der Waffe gezwungen werden. Frauen dürfen sich freiwillig verpflichten.

Wehrdienst früher und heute

Wehrdienst bedeutet, eine Grundausbildung bei der Bundeswehr zu machen – Soldat/Soldatin zu sein. Die Wehrpflicht wurde in der Bundesrepublik Deutschland am 21. Juli 1956 eingeführt. Wehrpflichtig waren alle Männer ab ihrem 18. Lebensjahr. Die Wehrpflicht konnte man durch den Wehrdienst oder später ab 1983 durch den Zivildienst erfüllen. Die Dauer des Grundwehrdienstes und des Zivildienstes änderte sich im Laufe der Zeit, seit dem 1. Juli 2010 betrug sie nur noch sechs Monate.

Was bedeutet Zivildienst?

Zivildienst oder Ersatzdienst bedeutet, den Wehrdienst an der Waffe aus Gewissensgründen zu verweigern. Ein Zivildienstleistender muss sich für die Einsatzstelle bewerben. Einsatzstellen können Krankenhäuser, Pflegeheime, Behinderteneinrichtungen oder landwirtschaftliche Betriebe sein.

Was bedeutet Wehrdienst?

Seit Juli 2011 sind neue Regelungen für den Wehrdienst in Kraft.

1 Was hat sich ab Juli 2011 geändert?
Lies den Zeitungsartikel. Achte dabei auf die Schlüsselwörter.

→ Textknacker
4 die Schlüsselwörter

Freiwilliger Wehr- oder Zivildienst

Die **Wehrpflicht** wird ab dem 1. Juli 2011 **ausgesetzt**. Manche junge Menschen wollen trotzdem **freiwillig Militär- oder Zivildienst leisten**. Einige von ihnen warten auf eine Lehrstelle oder einen Studienplatz und wollen die Wartezeit sinnvoll nutzen.

Abgeschafft ist die Wehrpflicht übrigens nicht. Sie bleibt in Artikel 12 a, Absatz 1 des Grundgesetzes erhalten. Allerdings soll **keine Verpflichtung** zum Wehr- oder Ersatzdienst **mehr** bestehen. Stattdessen soll ein 12- bis 23-monatiger **Freiwilligendienst** eingeführt werden. Diese **Freiwilligkeit** gilt dann **auch für den Zivildienst**.
Noch ist offen, wie die Bundeswehr künftig Jahr für Jahr bis zu 15.000 Freiwillige gewinnen will.
Gleiches gilt für den **Bundesfreiwilligendienst**.
Er tritt an die Stelle des Zivildienstes.
Hier sind ca. 35.000 Stellen zu besetzen.

(fiktiver Zeitungsartkel, Stand Juni 2011)

2 Suche und markiere die Antwort im Text:

- Ist die Wehrpflicht in Deutschland abgeschafft?
- Wie lange darf ein Freiwilligendienst dauern?
- Darf man auch Zivildienst leisten?

3 Was habt ihr über die neuen Regelungen für den Wehrdienst erfahren?
Was ist neu geregelt? Was bleibt erhalten?

4 Erkundigt euch über die aktuellen Änderungen.

www.bundeswehr.de

Das kann ich!

1 Vervollständige die Sätze mit den passenden Wörtern.

Volljährig werde ich an meinem ______________________.

Mit 18 habe ich das aktive und passive ______________________.

Wenn ich mit 18 Jahren etwas Illegales tue, kann ich

nach dem ______________________ bestraft werden.

Als 18-Jähriger bin ich für meine Entscheidungen

voll ______________________.

Wenn ich Kaufverträge abschließe, aber nicht zahlen kann,

bin ich ______________________.

Um eine Wohnung zu mieten, muss ich

einen ______________________ unterschreiben.

Die Miete besteht aus der Kaltmiete und den ______________________.

Wenn die Miete für mich zu teuer ist, kann

ich ______________________ beantragen.

Wenn ich in eine andere Wohnung ziehe, muss ich mich

beim ______________________ ummelden.

Wenn ich ein Fahrzeug besitze, muss ich

eine ______________________ abschließen.

→ 18. Geburtstag / 19. Geburtstag

Wahlrecht / Wühlrecht

Erwachsenenschlafrecht / Erwachsenenstrafrecht

verantwortlich / verwandt

haltlos / haftbar

Mietvertrag / Mietertrag

Nebensätzen / Nebenkosten

Warmgeld / Wohngeld

Einwohnermeldeamt / Wohnungsamt

Kfz-Haftpflichtversicherung / Haushaltsversicherung

2 Richtig oder falsch? Kreuze an.

Ab 18 …	richtig	falsch
… bin ich volljährig.	☐	☐
… bin ich voll strafmündig.	☐	☐
… bin ich für meine Entscheidungen verantwortlich.	☐	☐
… kann ich Kaufverträge abschließen.	☐	☐
… muss meine Mutter meine Schulden zahlen.	☐	☐
… kann ich allein entscheiden, wie ich wohne.	☐	☐
… muss ich zum Wehrdienst herangezogen werden.	☐	☐

3 Erkennst du die Schuldenfalle?
Kreuze die Sätze an, wo eine Gefahr besteht.

Ich kaufe nur in Geschäften.	☐	Ich bezahle bar.	☐
Ich kaufe im Versandhandel.	☐	Ich kaufe auf Raten.	☐
Ich bezahle mit der Geldkarte.	☐	Ich schreibe meine Ausgaben immer auf.	☐

4 Welcher Begriff gehört wohin? Trage sie in die Tabelle ein.

Miete, Nebenkosten, Lohn, Ratenzahlung, Konto, Kfz-Haftpflichtversicherung, Schuldnerberatung, Gesundheitsamt, Rechtsberatung, Kaution, Benzinkosten, Reparatur

Wohnung	Bank/Geld	Fahrzeug	Beratungsstellen

Wege in die Arbeitswelt

Warum arbeiten wir?
Menschen arbeiten aus unterschiedlichen Gründen.

1 Aus welchen Gründen arbeiten Menschen?

Hier könnt ihr sehen, welche Wünsche junge Menschen an ihren zukünftigen Beruf haben.

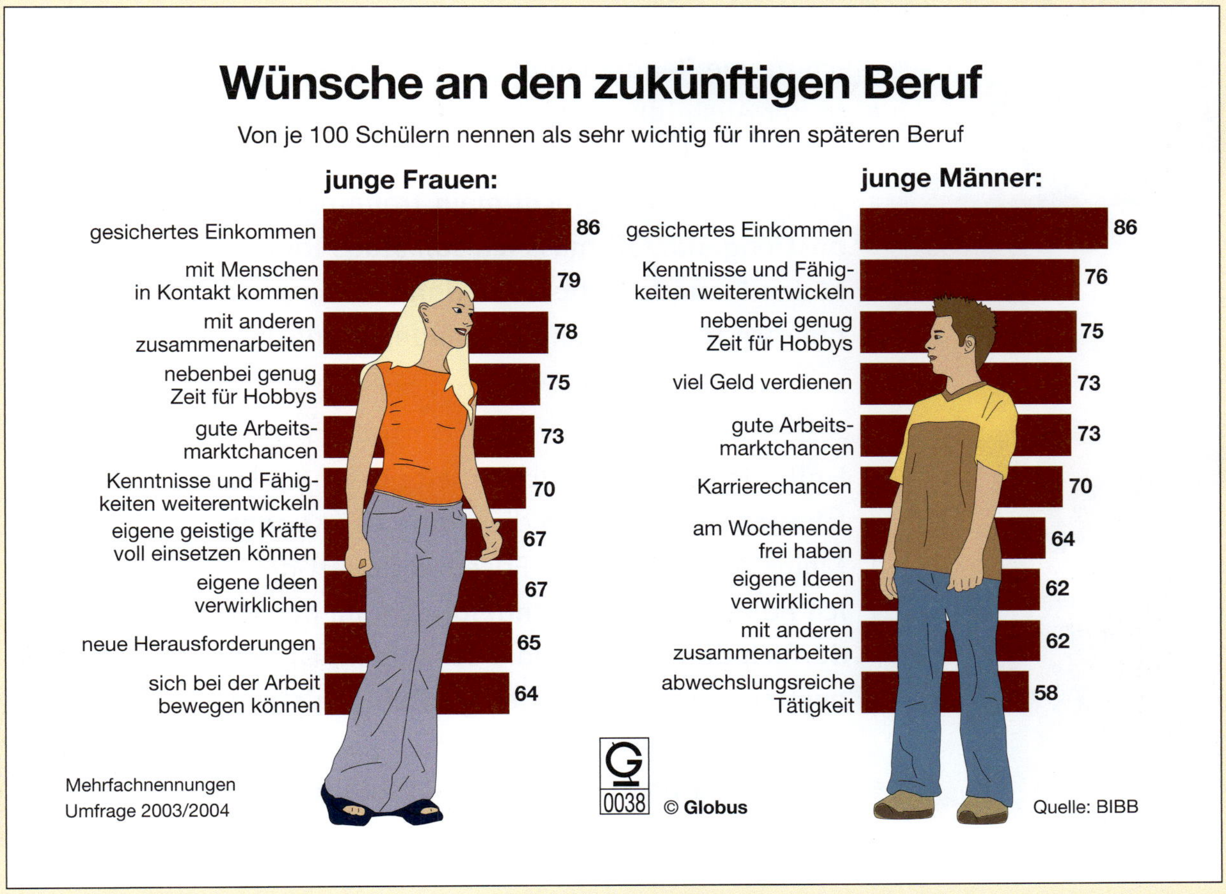

2 Welche Wünsche stehen bei den Jugendlichen an erster Stelle?
Welche Bedingungen sind nicht so wichtig?

3 Warum möchtest du gern arbeiten?
Was ist für dich wichtig?

4 Sprecht in der Klasse über eure Wünsche und Pläne für euer Berufsleben.

Mein Traumberuf?

Hallo, ich heiße Murat. Ich mache zurzeit eine Ausbildung zum Verkäufer. Ich arbeite in einem Supermarkt bei uns um die Ecke, in dem ich vorher schon zwei Praktika gemacht habe. Ich räume Regale ein und kontrolliere die Waren. In der Ausbildung lerne ich auch mit der Kasse umzugehen. Die Ausbildung dauert zwei Jahre. Mir macht die Arbeit Spaß, aber das ist nicht mein Traumberuf. Die Arbeit ist anstrengend. Oft muss ich samstags lange arbeiten. Meine Freunde treffen sich dann schon in der Stadt, aber ich bin manchmal zu müde, um noch hinzugehen.

Hallo, ich bin Paula. Ich arbeite in einem Friseursalon. Ich wasche und föhne die Haare der Kunden. Meine Ausbildung zur Friseurin dauert drei Jahre. Ich habe im Sommer angefangen, im nächsten Jahr darf ich dann auch Haare schneiden. Die Arbeit ist sehr anstrengend, da man den ganzen Tag stehen muss und immer freundlich bleiben soll. Außerdem komme ich viel mit Wasser und Chemikalien in Berührung und dadurch kann man Allergien bekommen. Nach der Ausbildung werde ich zuerst nicht viel Geld verdienen. Aber später möchte ich die Ausbildung zum Meister machen und träume davon, einen eigenen Salon zu eröffnen.

Hallo, ich heiße Daniel. Ich mache eine Ausbildung zum Fliesenleger. Die Ausbildung dauert drei Jahre. Körperlich ist mein Beruf sehr anstrengend, aber er macht mir sehr viel Spaß, weil ich interessante Sachen machen kann. Ich lese Baupläne und messe Räume aus. Ich teile und schneide Fliesen, dann verlege ich sie. Wenn die Wand oder der Boden verfliest ist, dann verfuge ich sie. Das hat mir schon im Praktikum gut gefallen. Was mir nicht so gut gefällt, dass ich noch vieles nicht allein machen darf. Mein Ausbilder kontrolliert mich bei der Arbeit.

Mein Traumberuf?

Auf der linken Seite hast du über die Berufsausbildung von drei Jugendlichen und über ihre Erfahrungen gelesen.

1 Was berichten sie über ihre Berufsausbildung?
Markiere die wichtigen Informationen im Text.
Markiere auch weitere Informationen, die du für wichtig hältst.

2 Trage die Informationen in die Tabelle ein.

	Ausbildung Beruf/Dauer	Ort	Tätigkeiten	Weitere wichtige Infos
Murat				
Paula				
Daniel				

3 Überlegt gemeinsam: Aus welchen Gründen haben Murat, Paula und Daniel sich für diese Berufe entschieden?
Haben sie ihre „Traumberufe“ gefunden?

4 Welche Berufe hast du während deiner Praktika kennen gelernt?

5 In welchen Berufen hast du eine Chance, ausgebildet zu werden?

Wie weiter nach der Schule?

Du hast 9 oder 10 Jahre Schule hinter dir. Je nachdem, welchen Schulabschluss du erreicht hast und in welchem Bundesland du lebst, gibt es für dich verschiedene Möglichkeiten.
Für alle Fälle gilt es: in den meisten Bundesländern besteht Berufsschulpflicht bis du 18 Jahre alt bist.

Was kannst du nun nach der Schule machen?

Wie weiter nach der Schule?

Berufsausbildung im dualen System
- Ausbildung in Berufsschule und Betrieb

Dauer: 2 bis 3,5 Jahre

Voraussetzung:
- Förder- oder Hauptschulabschluss
- Ausbildungsplatz in einem Betrieb

Berufseinstiegsjahr/oder Berufsgrundbildungsjahr
- berufliche Grundausbildung in schulischer Form (Vollzeit)

Dauer: 1 Jahr

Voraussetzung:
- Hauptschulabschluss
- für Jugendliche noch ohne Ausbildungsplatz

Berufsvorbereitungsjahr (BVJ)
- für Jugendliche ohne Ausbildungsplatz

Dauer: 1 Jahr
- Einführung in verschiedene Berufsfelder
- Schulunterricht in allen Fächern
- Hauptschulabschluss möglich

Voraussetzung:
- Vermittlung durch die Agentur für Arbeit
- an verschiedenen Standorten möglich (in der Berufsschule oder in einem BBW)

Ausbildung in einem Berufsbildungswerk (BBW)
- für Jugendliche mit besonderem Förderbedarf

Dauer: unterschiedlich
- Berufsvorbereitung und Berufsausbildung
- begleitet und unterstützt durch Sozialpädagogen, Erzieher

Voraussetzung:
- Vermittlung durch die Agentur für Arbeit (REHA-Team)

Jedes Bundesland hat seine Besonderheiten in der Berufsbildung.

1 Informiere dich: Welche Möglichkeiten der Berufsfindung und der Berufsausbildung gibt es in deinem Bundesland?

2 Erkundige dich und mache dir Notizen:
- Welche Möglichkeiten könnten für dich in Frage kommen?
- Welche Voraussetzungen sind dafür notwendig?

Wie weiter nach der Schule?

Für junge Menschen, die nach der Schule keinen Ausbildungsplatz bekommen haben, gibt es auch noch andere Möglichkeiten. Darüber informiert dich dein Berufsberater bei der Agentur für Arbeit. Es gibt verschiedene Fördermaßnahmen für die Berufsvorbereitung.

Eine Möglichkeit ist, das Berufsvorbereitungsjahr (BVJ) zu machen. Bei guten Leistungen kann hier auch der Hauptschulabschluss nachgeholt werden. Oft gibt es auch noch andere Berufsvorbereitende Bildungsmaßnahmen (BvB).

Berufliche Wege, die machbar sind

Lernprobleme?
Keine Ahnung, welcher Beruf der richtige ist?

Dafür sind wir da. Wir zeigen Wege auf, die machbar sind.

Eine Ausbildung im BBW ist für junge Menschen, die nicht Kraft und Durchhaltevermögen für eine Ausbildung in einem freien Betrieb haben. Die Ausbildung findet dann in den BBW-Werkstätten und an unserer Berufsschule statt. Schüler können bei uns auch wohnen. Sie wohnen während der Ausbildung in unserem Internat in unterschiedlichen Wohnformen.

Welche Schüler kommen zu uns?

Unsere Schüler haben in der Regel eine Förderschule besucht und absolvieren im Berufsbildungswerk eine Ausbildung oder eine Berufsvorbereitende Bildungsmaßnahme.

Wir bieten:
Vielfältige Hilfen im täglichen Unterricht und speziell bei der Prüfungsvorbereitung.
Zusätzlicher Förderunterricht gehört ebenso dazu wie das Trainieren von Wahrnehmung, Konzentration und Gedächtnis.

- Bei uns findest du heraus, wo deine besonderen Stärken liegen.
- In unseren Werkstätten kannst du viele verschiedene Berufe kennen lernen.
- Im Theorieunterricht lernst du nützliche Grundkenntnisse für viele Berufe.
- Mit unseren Sozialpädagogen trainierst du Bewerbungen und Vorstellungsgespräche.
- Im Wohnbereich lernst du vieles, was man für den Alltag braucht.
- Zusammen mit deinen Kollegen wird es auch in der Freizeit im BBW nicht langweilig.

(Der Inhalt dieser Broschüre ist frei erfunden. Für die fachliche Unterstützung und Bildbenutzung bedanken wir uns bei der Bundesarbeitsgemeinschaft der Berufsbildungswerke: www.bagbbw.de)

3 Welche Vorteile hat es, an einer Bildungsmaßnahme teilzunehmen?

4 Welche Berufsvorbereitenden Bildungsmaßnahmen gibt es in eurer Umgebung? Sammelt Informationen. Benutzt auch das Internet.

Berufsbildungswerke – eine gute Chance

Auch in den Berufsbildungswerken (BBW) kannst du einen Beruf erlernen.

Was ist ein Berufsbildungswerk?

Berufsbildungswerke sind Einrichtungen für junge Menschen, wo sie für bestimmte Berufe vorbereitet und ausgebildet werden. Hierbei werden sie von Ausbildern, Lehrern, Ärzten, Psychologen, Sozialpädagogen und Erziehern unterstützt. Die Berufsbildungswerke sind Internate. Das heißt, man kann während der Ausbildung auch dort wohnen.

Wie bekommt man eine Ausbildung im BBW?

Die Berufsberater von der Agentur für Arbeit prüfen, ob eine Ausbildung in einem Berufsbildungswerk für dich möglich ist. Vorher gibt es dort die Möglichkeit der Berufsfindung. Sie dauert zwei bis drei Monate. Dabei kannst du praktische Erfahrungen sammeln, um dich für einen Beruf zu entscheiden.

Wenn du schon weißt, welchen Beruf du erlernen willst, kannst du an einer Arbeitserprobung teilnehmen. Hier kannst du innerhalb von drei Wochen herausfinden, ob du den Anforderungen deines Lehrberufes genügst und ob er dir wirklich gefällt.

Wenn du noch etwas lernen musst, um die Ausbildung zu beginnen, kannst du das in einer Berufsvorbereitenden Bildungsmaßnahme (BvB) tun. Hier wirst du intensiv auf den Beruf vorbereitet, den du erlernen möchtest.

Wenn du so weit bist, kannst du eine Ausbildung beginnen. Sie findet in Ausbildungswerkstätten und Übungsbüros statt. Theoretische Kenntnisse werden in der Berufsschule vermittelt. Während der Ausbildung findet mindestens ein mehrwöchiges Betriebspraktikum statt. Die Ausbildung kann auch verzahnt mit einem Betrieb erfolgen. Das heißt dann: <u>V</u>erzahnte <u>A</u>usbildung <u>m</u>it <u>B</u>erufsbildungswerken (VAmB).

VAmB
Durch Kooperation zum Erfolg
www.vamb-projekt.de

Was passiert nach der Ausbildung im BBW?

Das Berufsbildungswerk hilft dir auch nach der Ausbildung. Du nimmst am Bewerbungstraining teil und kannst durch eine eigene Jobbörse vermittelt werden. Deine Betreuer unterstützen dich bei Behördengängen und bei der Wohnungssuche in der Nähe deiner neuen Arbeitsstelle.

1 Schreibe die passenden Begriffe aus den Klammern in die Lücken.

Die Berufsberater von der Agentur für Arbeit können prüfen, ob

eine Ausbildung in einem ______________________ für
(Berufsbildungshof / Berufsbildungswerk)

dich möglich ist. Vorher hast du dort zwei bis drei Monate lang

die Möglichkeit der ______________________.
(Berufsbildung / Berufsfindung)

Wenn du deinen Wunschberuf schon weißt, kannst du ihn

bei der ______________________ genauer kennen lernen.
(Arbeitserprobung / Arbeitsprobe)

Die Arbeitserprobung dauert __________ Wochen lang.
(zwei / drei)

Der Förderlehrgang für Berufsvorbereitung wird

auch ______________ genannt.
(BvB / BVG)

Hier wirst du intensiv auf deinen Wunschberuf ______________.
(geprüft / vorbereitet)

2 Suche im Internet Informationen über ein Berufsbildungswerk in deiner Nähe. Schreibe die Adresse und die Internetadresse auf.

____

____

____

So kannst du dich bewerben

**Für einen Ausbildungsplatz musst du dich schriftlich bewerben.
Hier findest du ein Beispiel für ein Anschreiben.**

Tamara Klenze
Baumweg 12
51111 Köln
Tel.: 0221-35032

Köln, den 2.2.2010

Herrn Malermeister
Frank Müller
Waldstr. 14

51112 Köln

Bewerbung um einen Ausbildungsplatz als Maler

Sehr geehrter Herr Müller,

hiermit bewerbe ich mich bei Ihnen um einen Ausbildungsplatz zum kommenden Sommer.

Ich besuche zurzeit die 10. Klasse der Janusz-Korczak-Schule, die ich voraussichtlich im Sommer 2010 mit dem Förderschulabschluss verlassen werde.

In meiner Freizeit habe ich schon oft bei Renovierungsarbeiten geholfen.
Ich bin handwerklich geschickt.
Aufgrund meiner Stärken und Interessen bin ich überzeugt, dass ein Beruf im Malerhandwerk zu mir passt.

Über eine Einladung zu einem persönlichen Gespräch würde ich mich sehr freuen.

Mit freundlichen Grüßen

Tamara Klenze

Anlagen:
Lebenslauf
Zeugniskopie

**Checkliste
Eine Bewerbung schreiben:**
- der Absender ✓
- der Ort, das Datum ✓
- die Adresse ✓
- der Betreff ✓
- die Anrede ✓
- der Textblock ✓
- der Gruß ✓
- die Unterschrift ✓
- die Anlagen ✓

Ein Bewerbungsschreiben hat eine besondere Form.

1 Überlegt gemeinsam: Was gehört in ein Bewerbungsschreiben?

So kannst du dich bewerben

Hier kannst du üben, eine eigene Bewerbung zu schreiben.

____________________ ____________, den ____________

____

____

Herrn oder Frau

____

____

____

Bewerbung um ________________________________

Sehr geehrte ________________________________,

____

____

____

____

____

Mit freundlichen Grüßen

____

2 Schreibe einen Entwurf für deine eigene Bewerbung.
Wende dabei den Schreibprofi an.

→ Schreibprofi Umschlagklappe vorne

3 Überarbeite deinen Entwurf.
Wende dabei den Schritt **3** vom Schreibprofi an.

4 Fertige eine endgültige Bewerbung am Computer an.
Kontrolliere ihn mit deiner Lehrerin oder deinem Lehrer auf Richtigkeit.

Der Lebenslauf

Zu einer Bewerbung gehört neben dem Anschreiben und der Kopie des letzten Zeugnisses auch ein Lebenslauf.

Lebenslauf

Name: Kevin Braun

Anschrift: Mauspfad 5
51111 Köln

Geboren: 20.9.1995 in Köln

Schulbildung: 2001 – 2005 Grundschule Innenstadt
seit 2005 Janusz-Korczak-Schule
voraussichtlicher Schulabschluss:
Hauptschulabschluss im Sommer 2010

Praktika: 2009: zweiwöchiges Praktikum bei Malermeister Müller, Köln
2010: dreiwöchiges Praktikum im Autohaus Winke

Außerschulische Interessen und Kenntnisse:

Kenntnisse: Computer (Texte schreiben und Tabellen anlegen), Schulkenntnisse in Englisch

Hobbys: Fußball, Mofas reparieren

Köln, den 2.2.2010

Kevin Braun

1 Welche Informationen stehen im Lebenslauf?

Checkliste
Einen Lebenslauf schreiben:
- die Überschrift Lebenslauf ✓
- der Name ✓
- die Anschrift ✓
- geboren ✓
- die Schulbildung ✓
- außerschulische Interessen und Kenntnisse ✓

Hier kannst du üben, deinen Lebenslauf zu schreiben.

Lebenslauf

Name: ______________________________

Anschrift: ______________________________

____

Geboren: ______________________________

Schulbildung: ______________________________

____

____

____

Praktika: ______________________________

____

Außerschulische Interessen und Kenntnisse:

Kenntnisse: ______________________________

____

Hobbys: ______________________________

______________, den ______________

____

2 Schreibe deinen Lebenslauf in tabellarischer Form und wende dabei die Schritte **2** und **3** vom Schreibprofi an.

→ Schreibprofi Umschlagklappe vorne

3 Fertige einen endgültigen Lebenslauf am Computer an. Kontrolliere ihn mit deiner Lehrerin oder deinem Lehrer auf Richtigkeit.

Das Vorstellungsgespräch

Wenn der Betrieb dich zu einem Vorstellungsgespräch eingeladen hat, dann hast du bisher alles richtig gemacht. Deine schulischen Leistungen reichen für den Beruf und die Bewerbungsmappe war überzeugend.

Wenn du jetzt nervös bist, ist das ganz normal. Wichtig ist, dass du dich gut auf das Gespräch vorbereitest.

So kannst du dich auf das Gespräch vorbereiten:

- Lass dir den Gesprächstermin beim Betrieb schriftlich oder telefonisch bestätigen. Frage nach, wie dein Gesprächspartner beim Vorstellungsgespräch heißen wird. So kannst du sie oder ihn mit dem Namen ansprechen. Das macht einen guten Eindruck!

- Plane deinen Weg. Wie kommst du am besten zum Betrieb?
- Wie lange brauchst du, um dorthin zu gelangen? Plane einen Zeitpuffer von 30 Minuten ein, um nicht in Stress zu geraten.

- Hole dir Informationen über den Betrieb ein: Wie viele Leute arbeiten dort? Welche Bereiche gibt es in dem Betrieb? Wie heißt der Chef? Das Internet ist hier meist eine gute Informationsquelle.

- Überlege dir Fragen, die du beim Vorstellungsgespräch stellen möchtest. Was möchtest du über den Betrieb oder über die Angestellten wissen? Was möchtest du über die Ausbildung dort erfahren?
- Suche dir angemessene Kleidung heraus. Sie muss gepflegt sein, um einen guten Eindruck auf deine Ansprechpartner zu machen.

1 Was ist wichtig für die Vorbereitung auf das Vorstellungsgespräch?

a) Sprecht darüber in der Klasse.
b) Erstellt dazu eine Check-Liste.

Das Vorstellungsgespräch

Körpersprache, Mimik und Gestik sind wichtig, um einen guten Eindruck beim Vorstellungsgespräch zu machen. Für den ersten Eindruck gibt es keine zweite Chance!

2 Seht euch die Bilder ①, ②, ③ an.

a) Sprecht über die Körpersprache der Personen.
b) Welche Haltung ist für das Vorstellungsgespräch geeignet? Begründet eure Meinung.

①

②

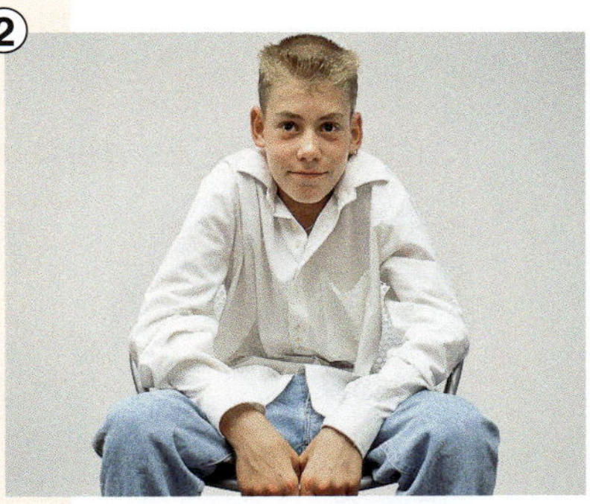

③

Darauf solltest du bei dem Vorstellungsgespräch achten:

- Halte den Blickkontakt, ohne zu starren.
- Lächeln wirkt sympathisch.
- Sitze gerade.
- Verschränke deine Arme nicht, sondern nimm eine offene Körperhaltung ein.
- Wippe nicht, spiele nicht mit deinen Haaren, zeige keine nervösen Gesten.

Auf das Vorstellungsgespräch könnt ihr euch auch mit einem Rollenspiel vorbereiten.

3 Spielt Vorstellungsgespräche in der Klasse als Rollenspiel. Vielleicht könnt ihr die Vorstellungsgespräche auch auf Video aufzeichnen und anschließend gemeinsam anschauen.

So könnt ihr vorgehen:

- Bildet 3er-Gruppen. Ihr braucht jeweils: Bewerber, Personalchef, Beobachter.
- Legt einen Beruf für das Vorstellungsgespräch fest.
- Überlegt euch Fragen für den Personalchef.
- Überlegt euch Fragen für den Bewerber.
- Notiert euch, worauf der Beobachter achten soll.
- Führt das Rollenspiel durch. Die Beobachter schreiben auf, was ihnen zur Körpersprache auffällt.
- Nach dem Rollenspiel erhält der Bewerber vom Beobachter eine Rückmeldung, wie er gewirkt hat. Auch der „Personalchef" teilt seinen Eindruck mit.
- Tauscht die Rollen. Jeder sollte einmal jede Rolle übernehmen.

Wenn es nicht gleich klappt ...

Die Enttäuschung ist groß, wenn du eine Absage von einem Arbeitgeber bekommst. Trotzdem solltest du jetzt nicht aufgeben, denn kaum jemand findet nach der ersten Bewerbung schon eine Stelle.

Was kannst du tun?

Wenn deine Bewerbungsunterlagen zurückkommen und du zu keinem Gespräch eingeladen wurdest, prüfe deine Unterlagen noch einmal. Wenn du nach einem Gespräch nicht genommen wurdest, kannst du bei der Firma anrufen und nachfragen, woran das gelegen hat. Frage nach, was aus Sicht der Firma bei dir gefehlt hat.

Katja wollte es genau wissen.

Sekretärin: … ja, Frau Winter. Ihre Bewerbungsunterlagen waren in Ordnung. Beim Vorstellungsgespräch waren Sie etwas nervös, aber das war nicht das Problem. Sie wussten einfach zu wenig über unsere Firma. Wir hatten den Eindruck, Sie interessieren sich gar nicht für die Arbeit bei uns.

Katja: Oh, das ist aber schade. Ich hätte wirklich gerne bei Ihnen gearbeitet. Wie war denn der schriftliche Auswahltest?

Sekretärin: Der war in Ordnung. Darauf haben Sie sich sicher gut vorbereitet. Aber beim Gespräch haben Sie keine Fragen an uns gestellt. Sie haben einfach zu wenig Interesse gezeigt. So haben wir uns für einen anderen Kandidaten entschieden.

1 a) Was fragt Katja?
b) Welche Antwort bekommt sie auf ihre Frage?

2 Was könnte Katja beim nächsten Mal besser machen?

____

____

Wenn es nicht gleich klappt ...

Das Wichtigste ist: Du darfst nicht aufgeben!

Das kannst du tun

Warst du beim Vorstellungsgespräch nervös?
Tipp: Übe im Rollenspiel in der Klasse oder in einem Bewerbungstraining das Vorstellungsgespräch, damit du mehr Sicherheit bekommst.

Warst du über den Betrieb gut genug informiert?
Konntest du die Fragen zum Berufsbild beantworten?
Tipp: Informiere dich vor dem nächsten Vorstellungsgespräch ausführlicher über die Firma, in der du dich vorstellst.

Interessiert dich der Beruf wirklich?
Tipp: Finde heraus, ob es auch andere Berufe gibt, in denen du ähnliche Aufgaben übernehmen kannst.

Ist der Beruf, in dem du arbeiten möchtest, wirklich passend für dich?
Tipp: Überlege es dir noch einmal. Hole Hilfe von einem Lehrer oder von deinem Berufsberater.

3 Was kannst du selbst tun, wenn du keinen Ausbildungsplatz bekommst?

4 Wobei können dir andere (Lehrer, Berufsberater, Betreuer) helfen, um einen Ausbildungsplatz zu finden? Notiere, wer dir bei den einzelnen Punkten helfen kann.

5 Schreibt die Punkte auf Karteikarten. Gestaltet eine Infowand zu Punkten, die ihr selbst tun könnt, und eine zu den Punkten, bei denen ihr Hilfe von außen benötigt.

Ⓐ Das kann ich selbst tun:

Informationen über Betriebe suchen

Ⓑ Hierbei benötige ich Hilfe:

Training für das Vorstellungsgespräch (Lehrer, Eltern, Arbeitsagentur)

Abenteuer Zukunft

In diesem Kapitel hast du dich mit deiner beruflichen Zukunft beschäftigt. Wie stellst du dir dein zukünftiges Leben vor?

Die Klasse 10b der Janusz-Korczak-Schule hat zu diesem Thema eine ZUKUNFTSWERKSTATT durchgeführt.

Die ZUKUNFTSWERKSTATT ist eine Methode.

Sie besteht aus drei Phasen:

- der Kritik-Phase
- der Fantasie-Phase
- der Umsetzungs-Phase.

1. Die Kritikphase

Die Gruppe sitzt im Kreis zusammen. Jeder Schüler nimmt sich einen schwarzen Filzstift. In der Mitte liegen leere, weiße Papierstreifen. Jeder stellt sich die Frage: **„Wie wird mein Leben in 15 Jahren aussehen? Welche Sorgen, Ängste oder Ärger werde ich haben?“** Die Schüler schreiben ihre Antworten auf die Papierstreifen. Die Streifen legen sie wieder in die Mitte des Kreises.

2. Die Fantasiephase

Die Schüler bilden frei gewählte Kleingruppen. Sie nehmen aus dem Kreis ihre Papierstreifen mit. Sie entwickeln jetzt ihre Wunschwelt. Nach dem **Motto: „So möchte ich in 15 Jahren leben …“** gestalten sie ihre Plakate. Der Fantasie sind keine Grenzen gesetzt

In der Fantasiephase sind zum Beispiel diese Plakate entstanden.

1 Seht euch die Plakate an.
Was sagen uns diese Plakate über die Wünsche der Schüler?

Am Ende dieser Phase stellen die Schüler ihre Plakate vor. Es ist wichtig, dass die Ideen frei dargestellt werden, und dass niemand ausgelacht wird, auch dann nicht, wenn die Fantasien einem etwas komisch vorkommen.

3. Die Umsetzungsphase

Nun werden die Wünsche einzeln unter die Lupe genommen:
- Welche Ideen sind besonders interessant?
- Welche sollten wir aufgreifen?
- Was willst du konkret tun? Wo brauchst du Hilfe?
- Wer kann dich dabei unterstützen?

Die Schüler entwickeln selbstständig ihre Strategien, wie sie ihre Ziele erreichen könnten. Die Leitfrage lautet:
„Was kann ich heute dafür tun, dass mein Leben in 15 Jahren so aussieht, wie ich es haben möchte?"

2 Jetzt seid ihr dran!
Probiert die Methode „Zukunftswerkstatt" aus.
Es ist wichtig, dass ihr dafür genügend Zeit (ca. 4 Stunden) einplant.
Ihr könnt so vorgehen wie die Klasse 10 b in unserem Beispiel.

Wichtige Fähigkeiten in allen Berufen

Es gibt Fähigkeiten, die in fast allen Berufen eine wichtige Rolle spielen.
Sie sind der Schlüssel zum Erfolg in Ausbildung und Beruf.
Die Tabelle informiert dich über diese Fähigkeiten.
Du kannst die Tabelle auch als Check-Liste benutzen.

☺ ☐ 😐 ☐ ☹ ☐	**Ausdauer** Dazu zählt: Routinearbeiten geduldig erledigen. Ganz gleich, ob du ein Geländer streichst, Kleider nähst oder Salat putzt. Hier ist Ausdauer gefragt. Du bleibst bei der Sache. Und du achtest immer auf die gleiche Qualität.
☺ ☐ 😐 ☐ ☹ ☐	**Belastbarkeit** Dazu gehört: manchmal besonders viel erledigen zu müssen. Du bleibst auch ruhig, wenn es einmal hektisch zugeht und du verschiedene Aufgaben erledigen musst. Und du kannst deine Aufgaben auch gut erledigen, wenn es schnell gehen muss.
☺ ☐ 😐 ☐ ☹ ☐	**Computerkenntnisse** Das heißt: einen Computer bedienen und mit einigen Programmen zum Beispiel zur Textverarbeitung umgehen. Wenn technische Probleme auftreten, weißt du, an wen du dich wenden musst. Und du kannst das Internet nutzen.
☺ ☐ 😐 ☐ ☹ ☐	**Einsatzbereitschaft** Das bedeutet: Aufgaben aktiv und mit voller Kraft erledigen. Du bringst eigene Vorschläge ein. Man kann mit deinem Einsatz rechnen. Qualität und Erfolg der Arbeit sind dir wichtig. Du bist auch mal länger da, wenn es nötig ist. Und du drückst dich auch nicht vor unangenehmen Arbeiten.
☺ ☐ 😐 ☐ ☹ ☐	**Flexibilität** Das bedeutet: sich gut auf neue Situationen einstellen können und auch kurzfristig bereit sein, neue Aufgaben zu übernehmen. Du bietest dich an oder springst ein, wenn jemand bei der Arbeit oder einem Projekt ausfällt. Und dazu gehört auch, an einem Tag verschiedene Aufgaben zu erledigen.
☺ ☐ 😐 ☐ ☹ ☐	**Ideenreichtum** Dazu gehört: einen Garten schön anlegen, Geschenke originell verpacken, eine Salatplatte anrichten, ein schickes Kleid nähen, schöne Blumensträuße binden, eine Torte verzieren. Du hast Gespür für Formen und Farben. Du kannst erkennen, was gut zusammenpasst. Und dir fallen auch neue Dinge ein.

☺ 😐 ☹ ☐ ☐ ☐	**Kontaktfähigkeit** Dazu gehört: zu anderen freundlich sein und ihnen zuzuhören, selbst erzählst du aber auch ein wenig von dir. Du gehst auf andere zu und berücksichtigst ihre Wünsche. Du hast Respekt vor anderen.
☺ 😐 ☹ ☐ ☐ ☐	**Konzentrationsfähigkeit** Das heißt: bei der Sache sein. Du erledigst deine Aufgaben, ohne an etwas anderes zu denken. Es fällt dir nicht schwer, dich nur auf eine Sache zu konzentrieren. Und du erledigst deine Aufgaben gründlich.
☺ 😐 ☹ ☐ ☐ ☐	**Lernbereitschaft** Das heißt: bereit sein, Neues zu lernen. In der Schule und der Ausbildung gehört das dazu. Aber auch im Beruf muss man ständig weiterlernen. Du lernst gerne dazu, auch wenn es anstrengend ist und Zeit kostet. Und du bist offen gegenüber Veränderungen.
☺ 😐 ☹ ☐ ☐ ☐	**Planungsfähigkeit** Das heißt: eine Arbeit oder ein Projekt gut planen und organisieren. Das muss man in fast allen Berufen. Dabei wird überlegt: Was wird gebraucht? Zum Beispiel Räume, Materialien, Werkzeuge. Wer wird gebraucht? Was muss in welcher Zeit erledigt werden? Und wie muss das Ergebnis oder das Produkt aussehen?
☺ 😐 ☹ ☐ ☐ ☐	**Selbstständigkeit** Das heißt: Aufgaben ohne Anleitung von anderen erledigen, auch Aufgaben selbst zu übernehmen. Wichtig ist, bei Schwierigkeiten zuerst einmal selbst nach Lösungen zu suchen. Und wenn du mal nicht klar kommst, kannst du jemanden fragen und um Hilfe bitten.
☺ 😐 ☹ ☐ ☐ ☐	**Teamfähigkeit** Das bedeutet: eine Aufgabe oder ein Projekt gemeinsam mit anderen gut durchführen. Man plant gemeinsam, packt zusammen an. Du bringst dich selbst aktiv ein und erledigst deine Aufgaben. Im Team hilft einer dem anderen. Jeder kann sich auf den anderen verlassen. Du fühlst dich für die gemeinsame Arbeit verantwortlich. Und wenn dich mal jemand kritisiert, bist du nicht beleidigt.
☺ 😐 ☹ ☐ ☐ ☐	**Zuverlässigkeit** Das heißt: man kann sich auf dich verlassen. Du erledigst deine Aufgaben rechtzeitig und aktiv. Auch Pünktlichkeit gehört dazu. Und wenn etwas schief läuft, sagst du Bescheid.

Lexikon

die Alliierten	Das Wort kommt aus der französischen Sprache und bedeutet „Verbündete". Als Alliierte bezeichnet man eigentlich die Staaten, die im Zweiten Weltkrieg gegen das Deutsche Reich und seine Partner kämpften. Doch auch im Ersten Weltkrieg gab es Alliierte. Das war das Staatenbündnis, das sich gegen die Mittelmächte Deutsches Reich und Österreich-Ungarn stellte. Dazu gehörten Großbritannien, Frankreich und Russland.
die Aufrüstung	Wenn ein Staat aufrüstet, dann erhöht er die Stärke seines Militärs. Dafür werden mehr Waffen produziert, mehr Menschen für den Dienst in der Armee verpflichtet und es wird versucht, die Technik des Kriegsgerätes (Panzer, Gewehre, Munition usw.) zu verbessern. Zu besonders großer Aufrüstung kam es in Deutschland vor dem Ersten und vor dem Zweiten Weltkrieg.
der Bundeskanzler, die Bundeskanzlerin **die Bundeskanzler**	Der Chef der **Regierung** in Deutschland ist der Bundeskanzler oder die Bundeskanzlerin. Er oder sie bestimmt, welche **Politik** gemacht wird. So sucht er zum Beispiel die Minister und Ministerinnen aus, mit denen er das Regierungsteam bildet. Der Bundeskanzler wird vom **Bundestag** gewählt. Derzeit ist die Regierungschefin eine Frau – seit 2005 heißt die Bundeskanzlerin Angela Merkel. Sie ist Mitglied der Partei CDU.
der Bundespräsident, die Bundespräsidentin **die Bundespräsidenten**	Der Bundespräsident steht in der deutschen Regierung noch über dem **Bundeskanzler**. Er ist das Staatsoberhaupt und bleibt für 5 Jahre im Amt. Er wird von der Bundesversammlung gewählt. Diese Versammlung setzt sich aus Mitgliedern des Bundestages und Personen zusammen, die in den Parlamenten der Bundesländer arbeiten. Der zukünftige Bundespräsident muss Deutscher und bei der Wahl mindestens 40 Jahre alt sein. Er darf einmal wiedergewählt werden. Die Hauptaufgabe des Präsidenten ist, Deutschland bei offiziellen Anlässen zu vertreten. Außerdem schließt er Verträge mit anderen Ländern ab. Auch Frauen können Bundespräsident werden. Doch bisher gab es nur Männer in diesem Amt. Unser aktueller Bundespräsident heißt Joachim Gauck.
der Bundestag	Der Bundestag ist das Parlament von Deutschland. Die Menschen, die im Bundestag arbeiten, nennt man Abgeordnete. Sie werden alle vier Jahre direkt durch das Volk gewählt. Mindestens 598 Abgeordnete arbeiten im Deutschen Bundestag. Sie haben wichtige Aufgaben zu erfüllen. So wählen sie den **Bundeskanzler**, kontrollieren die Regierung und beschließen **Gesetze**. Der Bundestag hat seinen Sitz in der Hauptstadt Berlin.

das Bürgerliche Gesetzbuch (BGB)	Im BGB stehen Gesetze, die das Zusammenleben der Bürger in Deutschland regeln. Es ist in fünf Bücher unterteilt. So enthält das BGB Regelungen über die Ehe und Familie, über Eigentum und Besitz. Im Erbrecht, dem fünften Buch, steht alles rund um die Themen Testament, Erbe und Erbfolge. Im BGB finden sich zudem Gesetze, die die Rechte der Bürger bei Kauf- oder Mietverträgen regeln. Das BGB trat erstmals am 1. Januar 1900 in Kraft. Seitdem wurden die Gesetze und Regelungen immer wieder verändert und den neuen Verhältnissen in Deutschland angepasst. Auch Richtlinien der EU werden in Form von Gesetzesänderungen in das BGB eingearbeitet.
die Demonstration, die Demonstrationen	Wenn Menschen mit einer Situation unzufrieden sind, dann gehen sie auf die Straße, um zu demonstrieren. Das Wort ist lateinisch und bedeutet „auf etwas hinweisen, deutlich machen". Für eine Demonstration treffen sich viele Leute zu einer bestimmten Zeit an einem bestimmten Ort. Einige haben Plakate dabei, auf denen ihre Forderungen stehen. Menschen demonstrieren zum Beispiel für Frieden, für den Klimaschutz, für bessere **Politik** oder höhere Löhne.
die Diktatur	Eine Diktatur ist eine Regierungsform. Im Gegensatz zu einem **Rechtsstaat** bestimmt in einer Diktatur nicht das Volk (Demokratie), sondern eine einzelne Partei oder eine einzelne Person – der Diktator. Oftmals wurde diese Person nicht durch freie **Wahlen** bestimmt, sondern sie hat sich selbst an die Macht gebracht, zum Beispiel mit Hilfe des Militärs. In einer Diktatur werden die Grundrechte der Menschen nicht geschützt. Die Macht des Diktators ist unbeschränkt. Er kontrolliert die Gerichte, die Polizei und andere Einrichtungen des Staates. Auch die Menschen, die in einer Diktatur leben, werden ständig kontrolliert und überwacht.
das Elendsviertel, die Elendsviertel	Als Viertel kann man auch einen Stadtteil bezeichnen. Elendsviertel sind die Gebiete am Rande einer Stadt, in denen sehr arme Menschen wohnen. Dort gibt es keine schönen Häuser, es ist schmutzig und die **Kriminalität** ist hoch. Solche Viertel sind oft ungeplant entstanden. Manchmal bestehen die Häuser nur aus Blech oder Holzbrettern und Steinen. Die Armut der Menschen ist überall sichtbar. Es gibt keine Parkanlagen oder schöne Spielplätze. Die Bewohner der Elendsviertel haben oftmals keine Arbeit. Kinder, die in Elendsvierteln wohnen, gehen häufig nicht zur Schule. Sie fangen schon früh an, mit Gelegenheitsjobs Geld zu verdienen, um ihre Familien zu unterstützen.

der Europatag	Im Jahre 1950 veröffentlichte der damalige französische Außenminister Robert Schuman am 9. Mai eine wichtige Erklärung. Darin sprach er über die zukünftige enge Zusammenarbeit der Kohle- und Stahlindustrie in Westeuropa. Diese „Schuman-Erklärung" gilt als Beginn der friedlichen Zusammenarbeit der Völker Europas. Daher feiern wir jedes Jahr am 9. Mai den Europatag.
die EWG (Europäische Wirtschafts gemeinschaft)	Die EWG wurde am 25. März 1957 durch die Unterzeichnung der Römischen Verträge gegründet. Belgien, die Bundesrepublik Deutschland, Frankreich, Italien, Luxemburg und die Niederlande waren die Gründungsmitglieder der EWG. Die bereits bestehende und sehr erfolgreiche Zusammenarbeit auf dem Gebiet der Kohle- und Stahlindustrie hatte die Länder veranlasst, dies auf weitere Wirtschaftsbereiche auszudehnen. Die Ziele der EWG waren daher die Beseitigung von Handelsschranken und die Bildung eines gemeinsamen Marktes. Die EWG existiert seit 1967 nicht mehr. Damals kam es zur Gründung der „EG" (Europäische Wirtschaftsgemeinschaften) und später, 1992, schließlich zur Bildung der „EU" (Europäische Union).
das Gesetz, die Gesetze	Das Gesetz ist eine Sammlung von Regeln. Diese stehen im Gesetzbuch. Die wichtigste Sammlung von Gesetzen in Deutschland ist das **Grundgesetz**.
das Grundgesetz	Das Grundgesetz ist die **Verfassung** der Bundesrepublik Deutschland. Im Grundgesetz ist die politische und rechtliche Grundordnung unseres Staates festgelegt. Außerdem enthält das Grundgesetz die Grundrechte, die für alle Bürger Deutschlands gelten. Dazu gehören zum Beispiel das Recht auf freie Meinungsäußerung sowie das Recht auf Gleichheit vor dem **Gesetz**.
die Haftpflicht-versicherung	Wer ein Auto, Moped oder Motorrad besitzt, der muss eine Haftpflichtversicherung für sein Fahrzeug abschließen. Diese schützt den Fahrzeughalter bei einem Unfall davor, die Schäden, die er an einem anderen Fahrzeug oder an Objekten (z.B. Leitplanken) verursacht hat, selbst bezahlen zu müssen. Die Kfz-Haftpflichtversicherung ist Vorschrift; ohne diese Versicherung kann kein Fahrzeug zugelassen werden. Die Kfz-Haftpflicht wird nach verschiedenen Gesichtspunkten berechnet. Einer davon ist, welcher Typklasse das Fahrzeug angehört. Es gibt auch freiwillige Haftpflichtversicherungen, zum Beispiel die Privathaftpflicht.
die Hymne	Das Wort kommt aus der griechischen Sprache und bedeutet: feierlicher Lobgesang. Jedes Land hat eine Nationalhymne. Dieses Lied wird zu offiziellen Anlässen, zum Beispiel bei Sportveranstaltungen, gespielt.

das Internet	Wie „ein riesiges Spinnennetz" sind überall auf der Welt Computer miteinander verbunden. So entsteht das Netzwerk, das wir Internet nennen. Im Internet können wir mithilfe von Suchmaschinen wie „Google" nach Informationen suchen. Wir können im Internet auch miteinander spielen oder E-Mails schreiben.
die Kaution	Wer eine Wohnung mieten möchte, der muss dem Vermieter eine Kaution bezahlen. Das Wort kommt aus dem Lateinischen und bedeutet „Sicherheit" oder „Vorsicht". Mit der Kaution sichert sich der Vermieter gegenüber Schäden ab, die während der Mietzeit entstehen könnten. Auch wenn der Mieter seine Miete nicht mehr bezahlen kann, kann der Vermieter auf die Kaution zurückgreifen. Die Kaution beträgt meist zwei bis drei Monatsmieten (Kaltmiete). Man erhält sie zurück, wenn man wieder auszieht und keine Schäden verursacht beziehungsweise immer seine Miete bezahlt hat.
das Kreiswehrersatzamt	Die Kreiswehrersatzämter führten die Tauglichkeitsprüfung (die so genannte „Musterung") an jungen Männern durch, die ihre **Wehrpflicht** erfüllen mussten. So wurden Wehrpflichtige, die ihren Dienst bereits abgeleistet haben, durch neue Wehrpflichtige ersetzt. Wer einen Musterungsbescheid erhalten hatte, der musste sich bei seinem zuständigen Kreiswehrersatzamt melden. Nicht jeder Landkreis hatte eines dieser Ämter. Die Einteilung erfolgte nach Kreisen, die die Bundeswehr selbst festgelegt hat.
die Kriminalität	Wer kriminell wird, begeht eine Straftat. Kriminalität ist der Oberbegriff für alle Straftaten, die sich gegen die geltenden Vorschriften und **Gesetze** eines demokratischen Staates richten. Das Wort kommt aus dem Lateinischen und bedeutet soviel wie Schuld oder Verbrechen.
das Medium, die Medien	Alle Kommunikationsmittel, mit denen wir Informationen austauschen, nennen wir Medien. Ein Brief zwischen zwei Menschen ist auch ein „Medium". Es gibt aber auch Medien, die mehr als nur zwei Leute erreichen. Die Zeitung, das Radio oder das Fernsehen haben ein Massenpublikum. Deshalb nennen wir diese Medien Massenmedien.

die Menschenrechte	Die Menschenrechte sind die Rechte, die jedem Menschen, unabhängig von seiner Staatsangehörigkeit, zustehen sollen. Im 17. Jahrhundert wurden die Menschenrechte erstmals in England, später auch in Frankreich und in den USA niedergeschrieben. Zu den Menschenrechten gehören u. a. das Recht auf Freiheit (Meinungsfreiheit, Reisefreiheit usw.) und auf Gleichheit, das Recht auf Leben sowie der Schutz vor Folter und Misshandlung. Nach dem Zweiten Weltkrieg, 1948, verabschiedete die UNO eine Allgemeine Erklärung der Menschenrechte. Viele Staaten haben die Vorschläge dieser Erklärung in ihre Verfassungen aufgenommen. In Deutschland findet man die Menschenrechte in Form der Grundrechte im Grundgesetz.
die Metropole, die Metropolen	Der Begriff stammt aus der griechischen Sprache und hat heute verschiedene Bedeutungen. Als Metropole bezeichnet man Städte mit sehr vielen Einwohnern. Dort wohnen mehr als eine Million Menschen. Eine Metropole ist außerdem das politische, wirtschaftliche, kulturelle und religiöse Zentrum einer Region.
die Politik	Das Wort kommt aus dem Griechischen („polis") und bedeutet soviel wie „Stadt" oder „Gemeinschaft". Griechische Stadtstaaten verwalteten sich selbst. Heute nennt man alles, was das Zusammenleben der Bürger eines Staates regelt, Politik. Das Leben einer Person ist jeden Tag durch politische Entscheidungen und darauf aufbauende **Gesetze** bestimmt. Politik ist auch ein Schulfach. Es beschäftigt sich damit, wie das Zusammenleben der Menschen im Alltag oder auch in Staaten geregelt ist.
die Provision	In bestimmten Berufsfeldern bekommen Menschen für ihre Tätigkeit eine Provision. Wer eine Wohnung sucht, kann sich an einen Makler wenden. Doch Vorsicht: Maklerprovisionen sind oft sehr teuer. Manchmal werden zwei Monatsmieten als Provision verlangt. Im Unterschied zur **Kaution** erhält der Mieter dieses Geld jedoch nicht zurück.
der Rechtsstaat	Die Bundesrepublik Deutschland ist ein Rechtsstaat. Das heißt, in unserem Land wird jede wichtige Frage durch **Gesetze** geregelt und es gibt eine **Verfassung** – das **Grundgesetz**. Alles, was der Staat tut, muss nach diesen Regeln geschehen. So werden die Rechte der Bürger in Deutschland geschützt. Unabhängige Gerichte überprüfen, ob der Staat sich an die Regeln hält. Das Gegenteil von einem Rechtsstaat ist die **Diktatur**.

die Regierung	Die Regierung eines Staates bestimmt die **Politik** des Landes. Eine Regierung besteht aus einem Regierungschef und mehreren Ministern. Auf Sitzungen beraten und besprechen sie Probleme, die behoben werden müssen. Wenn sie eine Idee für ein neues **Gesetz** haben, dann muss das Parlament, also der Deutsche **Bundestag**, darüber abstimmen. Erst dann kann das neue Gesetz in Kraft treten.
die Schuldnerberatung	Wer sich verschuldet hat, das heißt, wer mehr Geld ausgegeben hat, als ihm zur Verfügung stand, der kann sich bei der Schuldnerberatung Hilfe holen. In Schuldnerberatungsstellen arbeiten Sozialpädagogen, Juristen und Psychologen, die dem Schuldner helfen, seine finanziellen Verhältnisse zu klären. Die Schuldnerberatung stellt zum Beispiel Informationsmaterial zur Verfügung und hilft beim Stellen von Anträgen. Die Beratung ist in der Regel kostenlos. Beratungsstellen, die für ihre Tätigkeit Geld verlangen, sollte man meiden.
der Sozialstaat	Deutschland ist nicht nur ein **Rechtsstaat**, sondern auch ein Sozialstaat. „Sozial" ist Lateinisch und bedeutet „gemeinsam, verbunden". Der Staat ist also mit seinen Bürgern verbunden. Ein Sozialstaat sorgt für jeden einzelnen Menschen, aber auch für die Gemeinschaft. Das bedeutet, dass niemand allein gelassen wird, wenn er krank oder arbeitslos wird. Dafür gibt es das System der Sozialversicherungen. Der Staat kümmert sich um soziale Einrichtungen wie Schulen, Kindergärten oder Krankenhäuser. Außerdem bezahlt der Staat Menschen dafür, dass sie für die Gemeinschaft arbeiten (Polizisten, Feuerwehrleute, Lehrer). Das Geld für diese Ausgaben kommt von den Bürgern, die Steuern an den Staat bezahlen. Wie in einem Kreislauf helfen sich die Bürger und der Staat also stets gegenseitig.
die Verfassung	Eine Verfassung beschreibt die Ordnung eines Staates. Außerdem legt sie die Rechte und Pflichten der Bürger fest. In der Verfassung stehen auch die Aufgaben der verschiedenen Staatsorgane, so zum Beispiel der **Regierung**. Eine demokratische Verfassung wird meist aufgeschrieben. Sie garantiert die Menschenrechte und regelt die Aufteilung der staatlichen Gewalt.
die Wahl, **die Wahlen**	In einer Wahl entscheiden die Menschen darüber, wer künftig in ihrer Stadt, ihrem Bundesland oder ihrem Staat regieren soll. Für diese Arbeit bewerben sich verschiedene Kandidaten. Die Wähler müssen auf einem Wahlzettel ankreuzen, welchen Kandidaten sie sich wünschen. Die Kandidaten, die die meisten Stimmen erhalten, gewinnen die Wahl. Der Deutsche **Bundestag** wird alle vier Jahre gewählt.

der Wehrdienst	Männliche Deutsche mussten früher ab ihrem 18. Lebensjahr einen Grundwehrdienst ableisten. Im **Kreiswehrersatzamt** wurde überprüft, ob sie dafür tauglich sind, das heißt, ob sie körperlich und seelisch in der Lage sind, Dienst an der Waffe zu tun. Während des Grundwehrdienstes wohnten die Soldaten in Kasernen, nahmen an militärischen Übungen teil und lernten, mit einer Waffe umzugehen. Wer sich weigerte, zur Bundeswehr zu gehen, der konnte Ersatzdienst (Zivildienst) leisten, zum Beispiel in einem Krankenhaus oder im Pflegeheim. Seit 2001 durften auch Frauen Soldatinnen werden. Zeitsoldaten verpflichten sich nach dem Grundwehrdienst freiwillig für eine bestimmte Zeit, meist für mehrere Jahre, als aktive Soldaten. Wer möchte, der kann sich auch heute als Berufssoldat bewerben und sein restliches Berufsleben bei der Bundeswehr verbringen.
das Wohngeld	Wenn jemand (auch Auszubildende oder Studenten) wenig verdient, der kann beim Staat einen Zuschuss zur Miete beantragen. Das ist das Wohngeld. Dafür muss man einen Wohngeldantrag ausfüllen und zusammen mit dem Mietvertrag auf der Wohngeldstelle des Sozialamts abgeben. Das Wohngeld berechnet sich nach dem Einkommen des Antragstellers, der Anzahl der Familienmitglieder im Haushalt und nach der Höhe der Miete. Durchschnittlich erhalten Wohngeldbezieher 120 bis 140 Euro Zuschuss im Monat.
die Zivilcourage	Wer Zivilcourage hat, der tritt für andere Menschen und für sich und seine Meinung ein – auch, wenn er damit allein dasteht. „Civis" ist Lateinisch und bedeutet „bürgerlich" oder „anständig". „Courage" kommt aus dem Französischen und heißt „Mut". Zivilcourage bedeutet also auch, anderen Menschen zu helfen, wenn diese geärgert oder bedroht werden. Wenn dies allerdings für einen selbst zu gefährlich wäre, dann holt man besser Hilfe, zum Beispiel bei der Polizei. Nicht einfach wegsehen, sondern aktiv werden - auch das ist Zivilcourage.